M&A거래와 PMI전략
A부터 Z까지

기업인수합병과 인수후통합 실무 바이블

M&A거래와 PMI전략

A부터 Z까지

엄인수 지음

● 4개의 글로벌 딜을 스토리텔링 방식으로 쉽게 ● M&A 성공률을 높이는 전략수립과 딜소싱 ● 효과적인 인수금융과 LBO 스트럭쳐링 ● M&A 가치평가와 사모펀드의 공개입찰 Bidding 전략 ● 국내 유일하게 상세한 PMI전략과 실무 설명 ● 비싸게 사도 더 비싸게 만드는 기업가치 제고 전략 ● 크로스보더 딜의 유의사항 ● 실사리스트와 계약서, DCF 모델링 등 유용한 도구

제이씨이너스

• 책을 집필하게 된 배경

이 책은 개인적으로 다섯 번째 집필하는 책으로『몸값 올리는 기업가치평가 실무』를 출간한 후 얼마 안 되어 집필을 시작했습니다. 2001년 사회생활을 시작해 1년이 조금 지나 처음으로 M&A를 경험했습니다. 주니어로서 타깃기업의 한 부서를 실사하면서 실사보고서를 썼던 기억이 납니다. 이후 벤처캐피탈이 조성한 펀드로 미들사이즈 기업을 인수하는 것을 몇 번 더 경험했는데, PMI가 매우 중요하다는 것을 깨닫는 계기가 되었습니다. 증권사로 이직해 인수금융을 위한 자기자본 투자심사와 M&A 자문을 수행했습니다. 특히 자문을 수행할 때 기업을 직접 인수하는 것과 자문하는 것에는 차이점이 있다는 것을 알게 되었습니다. 현재는 영국과 한국 간 크로스보더 M&A 자문을 담당하면서 영국 딜을 한국에서, 한국 딜을 영국에서 수행하고 있습니다.

여의도에서 금융권 종사자들을 대상으로 CFA 커리큘럼을 강의하던 중 한국경제아카데미가 주최해 CEO들을 대상으로 M&A 강의를 진행했었습니다. 이후 생산성본부와 한국증권연구소에서 M&A와 사모펀드 실무에 관한 강의를 본격적으로 시작했습니다. 그리고 삼일^{PWC}아카데미에서 다수의 공개교육과 기업고객을 대상으로 'M&A 실무와 PMI'를 강의해 왔습니다. 그 기간 동안 실무자들이 교육을 듣고 실무에 적용할 수 있는 방법들을 고민하게 되었고, 그에 맞는 M&A 교육콘텐츠가 축적되었습니다. 이후 JCinus.com에서 M&A를 시뮬레이션 방식으로 익힐 수 있는 온라인강의를 개발하게 되었고, 최종적으로 이 책을 출간하게 되었습니다.

결론적으로 이 책은 기업을 직접 인수해 보고, 많은 M&A 자문을 수행하며 다른 실무자들을 가르치는 동안 누적된 경험과 콘텐츠로 집필했다고 말할 수 있습니다.

이 책의 차별점

본 책의 가장 큰 장점은 사례분석을 통해 M&A거래에 필요한 모든 이론들을 쉽게 이해하고, 간접적으로 체험해 볼 수 있다는 것입니다. 이 책의 목차는 M&A 담당자가 한 기업을 인수하고, 성공적으로 관리하기까지 필요한 M&A 절차를 따라 구성되었습니다. 또한 모든 이론들은 최근 글로벌 M&A거래기법을 반영하고 있습니다. M&A 전략, 딜 소싱, M&A 가치평가, LBO 기법과 파이낸싱, 그리고 인수 후 통합과 가치제고 전략

까지 각 이론과 사례들은 모두 최근 전략적 투자자와 사모펀드들이 수행한 고급 거래기법을 반영하고 있습니다. 그리고 각 목차의 이론들을 쉽게 이해할 수 있도록 모든 마무리는 항상 사례분석과 적용으로 매듭지었습니다.

4개의 글로벌 딜과 4개의 Part로 구성

이 책은 네 개의 글로벌 딜을 사용해 네 개의 파트로 구성되었습니다. 먼저 각 딜들은 모두 개별적인 특성을 갖고 있습니다. 디즈니의 마블 인수는 제품 포트폴리오 강화를 위한 합병이었으며, SK하이닉스의 인텔 사업부 인수는 크로스보더 딜이자 자산인수 딜이었습니다. 베인캐피탈의 HCA헬스케어는 사모펀드 딜이자 LBO 기법을 사용한 딜이며, 아스트라제네카의 알렉시온 인수는 사업 포트폴리오 강화를 위한 합병이었습니다.

한편 각 딜들은 또한 거래절차를 따라 각 파트에서 사례분석으로 사용되었습니다. 먼저 디즈니의 마블 인수를 통해 M&A의 기본적인 거래절차를 배우게 됩니다. 여기에는 M&A 전략과 유형, 기업 인수와 매각 절차, 그리고 M&A 실사와 계약이 포함됩니다. SK하이닉스의 인텔 낸드사업 인수를 통해 아웃바운드 딜에서 유의해야 할 점과 자산인수 구조를 배우게 됩니다. 베인캐피탈의 HCA헬스케어 인수를 통해 EV/EBITDA와 DCF 모델을 활용한 M&A 가치평가를 배우며, LBO 기법을 배우게 될 것입니다. 여기에는 파이낸싱, 메자닌금융, 그리고 딜 스트럭처링이 포함됩니다. 마지막으로 아스트라제네카의 알렉시온 인수를 통해 PMI와 기업가치제고 전략을 배울 것입니다. 특히 PMI는 각 절차마다 상세하게 기록되었으며, 아마도 이 책의 가장 큰 차별점으로 여겨지는 부분입니다.

감사의 말

영국 맨체스터에 거주하면서 업무와 강의로 인해 한국에 자주 오가고 있습니다. 이전에는 큰 문제가 되지 않았는데 코로나로 인해 한국에 오가는 것이 다소 어려워지면서 때로는 작은 업무에도 한 달을 머물러야 할 때가 있습니다. 그럴 때마다 영국에서 혼자 두 아이를 맡아 묵묵히 보살펴 준 아내에게 감사한 마음을 갖고 있습니다. 무엇보다도 이 책을 쓸 수 있도록 내게 지혜와 지식을 주시고, 경험을 겪게 하시며, 동기를 주신 하나님께 감사드립니다. 이 책을 읽는 모든 분들의 가정에 평안이 임하며, 하시는 모든 일들이 잘 되시기를 간절히 간구합니다. 아무쪼록 이 책이 여러 방법으로 도움이 되기를 진심으로 바랍니다.

2022년 3월

엄인수

목차

SK하이닉스의 인텔 낸드 사업부 인수 편

베인캐피탈의 HCA헬스케어 인수 편

PART II: M&A 가치평가

CH 7
베인캐피탈의 HCA헬스케어 인수가격 300억 달러는 적정한가?

PART III: M&A 딜 스트럭쳐링

CH 8
HCA헬스케어 인수를 위한 LBO 스트럭쳐링

아스트라제네카의 알렉시온 인수 편

PART IV: 인수 후 통합^{PMI} 실무

CH 9
PMI의 기본적 이해

CH 10
PMI 기획: 아스트라제네카의 알렉시온 PMI 3단계

4개의 M&A 딜 스토리

1. 팬덤 강화를 위한 디즈니의 마블 인수

디즈니의 마블 인수는 엔터테인먼트 사업이 어려운 시기에 이루어졌습니다. 기업들은 광고지출을 꺼리며 소비자들은 DVD 구입부터 여행에 쓰이는 비용을 줄이고 있습니다. 인수금액도 높습니다. 디즈니는 마블 주주에게 마블의 2009년 예상이익의 37배에 달하는 가격을 지불합니다. 이는 마블의 금요일 종가에 29% 프리미엄을 더한 가격입니다. S&P는 디즈니의 신용등급을 부정적으로 전환했습니다. 그러나 이러한 부정적 의견이 만연한 환경에서도 디즈니는 마블의 인수를 강행했습니다. 이것으로 디즈니는 더 많은 남성팬을 확보할 수 있을까요?

출처: Disney to acquire Marvel in $4 billion deal, 로이터뉴스, 2009. 8. 31.

● 딜 스토리: 디즈니의 마블 인수

대상회사	마블 엔터테인먼트	인수회사	월트 디즈니 컴퍼니
딜 발표일	2009년 8월 31일	딜 유효일	2009년 12월 31일
딜의 유형	우호적 / 합병	인수 지분율	100%
딜의 규모	40억 달러(현금 + 주식스왑)	EV/EBITDA	12.466

(출처: 톰슨로이터)

월트 디즈니$^{Walt Disney}$는 2009년 8월 31일 마블 엔터테인먼트$^{Marvel Entertainment}$의 지분 100%를 40억 달러에 인수한다고 발표했다. 이 딜은 2009년 미디어 분야에서 가장 큰 규모의 딜이었다. 디즈니는 마블 주식 한 주당 현금 30달러와 디즈니 주식 0.745주를 지불했다. 로이터뉴스에 의하면 본 가격은 딜을 발표하기 전날인 28일 금요일 마블 종가에 약 30%의 프리미엄을 얹은 가격이라고 한다. 당시 많은 언론들이 디즈니의 마블 인수에 부정적인 입장을 보였다. 신용평가회사인 S&P도 이 딜을 부정적으로 보고 디즈니의 신용등급을 하향했다. 아무래도 서브프라임모기지 사태 이후인지라 경기가 상당히 위축된 환경에서 40억 달러를 지불하는 딜을 탐탁지 않게 여긴 듯하다. 40억 달러는 마블 EBITDA의 12배가 넘고, 2009년 예상이익의 37배에 달하기 때문이다. 그러나 디즈니는 뉴스나 S&P의 그러한 부정적 의견을 사려 깊지 못한 판단이라 여겼을 수도 있다. 결론적으로 2019년 기준 디즈니는 마블을 통해 170억 달러를 벌어들여 원금을 회수하고도 세 배의 수익을 거두었기 때문이다. 2019년 「어벤져스」 시리즈가 끝난 이후에도 「블랙위도우」, 「이터널스」, 「샹치」, 「베놈」 등 새로운 스토리들을 활발하게 공개하고 있을 뿐 아니라, 넷플릭스를 대적하기 위한 디즈니플러스 스트리밍 서비스가 각광받고 있기 때문이다. 이 정도 되면 당시에 부정적 의견을 제시했던 언론과 S&P는 민망해질 수밖에 없다. 디즈니가 마블을 인수해 얻게 될 시너지를 제대로 계산하지 못했기 때문이다.

월트 디즈니

업종	엔터테인먼트	주가	$159 (2021. 11. 15.)
본사	미국 캘리포니아	시가총액	$290 billion
창업자 / 설립년도	월트와 디즈니(형제) / 1923년	과거 3년간 실적 (순서대로 18, 19, 20년, 매출 / 영업 이익)	$59.4b / $14.8b $69.5b / $11.8b $65.3b / $3.8b
CEO / 임직원 수	Bob Chapek / 170,000명		

(출처: 야후 파이낸스)

디즈니는 1923년에 설립된 글로벌 엔터테인먼트 회사로 사업은 크게 네 개로 구성된다. 미디어 네트워크, DTC & I(Direct-To-Consumer & International), 공원과 체험, 그리고 스튜디오 엔터테인먼트이다.

- 미디어 네트워크는 디즈니 매출의 40%를 차지하는 가장 큰 사업 부문으로 미국 내 케이블과 텔레비전 방송으로 구성되었다. 케이블 방송은 Disney, ESPN, Freeform, FX 및 National Geographic가 있고, 텔레비전 방송은 ABC 브랜드 등으로 구성되었다.
- DTC & I 사업은 해외 케이블과 방송과 스트리밍 사업으로 매출의 24%를 차지한다. 해외에서 송출하는 케이블 방송은 Disney, ESPN, Fox, National Geographic과 Star이며 스트리밍 서비스는 Disney+,

Disney+ Hotstar, ESPN+ 및 Hulu이다. 국내에도 2021년 11월 12일부로 Disney+ 서비스를 시작했다.

- 공원과 체험은 매출의 23%를 구성하고 있다. 디즈니랜드와 같은 테마파크와 리조트 사업, 그리고 라이선싱 사업으로 구성되었다. 디즈니랜드와 리조트 및 스파는 미국 캘리포니아, 프랑스 파리, 하와이, 홍콩, 일본 도쿄 등에 소재하며 여기에서 파생된 Disney Cruise Line, Disney Vacation Club, National Geographic Expeditions 등의 체험 서비스를 포함한다. 또한 리조트를 제3자를 통해 운영하는 라이선싱 사업까지 포함한다.
- 스튜디오 엔터테인먼트는 영화 사업으로 매출의 14%를 이룬다. 디즈니 픽쳐스, 21세기 스튜디오, 루카스필름, 픽사, 서치라이트 픽쳐, 블루스카이 스튜디오, 그리고 마블 브랜드로 영화를 제작하고 퍼블리싱하고 있다. Industrial Light & Magic과 Skywalker Sound를 통해 포스트 프로덕션 서비스를 제공하기도 한다.

마블 엔터테인먼트

업종	엔터테인먼트	장르	슈퍼히어로 픽션
본사	미국 뉴욕	설립년도	1998년
주요제품	만화책, 영화, 게임 등	주요임원 (회장, 대표)	Isaac Perlmutter
임직원 수	약 1,200명		Dan Buckley

(출처: Wikipedia, owler.com)

마블은 1998년에 설립되어 뉴욕에 본사를 둔 글로벌 엔터테인먼트 회사이다. 마블코믹스 만화책을 소재로 영화로 제작해 전세계적으로 유명해진 회사이다. 마블 캐릭터는 주로 히어로적인 성격을 지니고 있다. 흡혈귀를 사냥하는 블레이드부터 시작해 X맨, 스파이더맨, 헐크, 판타스틱4, 고스트라이더, 토르, 아이언맨, 베놈 등 주로 남성층을 겨냥해 강렬하고 초인간적인 특성을 강하게 드러낸 캐릭터들을 보유하고 있다. 마블은 제3자와 파트너쉽을 통해 영화를 배급하기도 한다. 스파이더맨과 베놈은 소니픽처스를 통해, 헐크는 유니버설픽처스를 통해 배급해왔다. 디즈니가 인수하기 전에는 뉴욕증권거래소에 상장되어 있었으며, 디즈니가 인수하면서 상장을 폐지했다.

● **딜의 목적**

마블을 인수하기 전까지 디즈니의 주요 팬덤은 어린이와 소녀들이 대부분이었다. 미키마우스를 비롯해 몬타나, 신데렐라, 백설공주 등은 어린이와 소녀들에게 블록버스터급 캐릭터였다. 하지만 이것들로 소년이나 남성 청소년의 마음을 사로잡기에는 빈약했다. 이런 디즈니에게 마블은 부러움의 대상이었을 것이다. 마블 캐릭터는 대부분 강렬한 인상을 갖고 있어 소년은 물론이고, 어른까지 두터운 남성 팬덤을 갖추고 있었기 때문이다.

실제로 딜의 서막은 디즈니가 먼저 마블을 접근하면서 시작됐다. 로이터뉴스에 따르면 당시 디즈니 CEO인 로버츠 이거^{Robert Iger}와 마블 CEO인 이삭 펄머터^{Isaac Perlmutter}가 만나면서 일련의 회의를 거친 후 합병 논의로 발전했다고 한다. 당시 디즈니의 CFO였던 톰 스태그^{Top Staggs}는 로이터와의 인터뷰를 통해 디즈니가 마블 자산의 진가를 알아 가면서 마블을 존경하게 되었으며, 디즈니와 마블의 조합가치, 즉 시너지를 바라볼 수 있었다고 언급했다.

두 기업이 합병하기까지 딜이 순조롭지만은 않았다. 로버츠는 Fox뉴스에서 디즈니의 몇몇 이사진들이 마블 캐릭터가 디즈니의 건전한 이미지를 손상시킬 수 있다며 마블 인수를 반대해 딜이 지연되었다고 언급했다. 또한 디즈니가 마블을 인수한 후에도 많은 언론들이 부정적인 평가를 쏟아 내 디즈니 주가가 일시적으로 하락하기도 했다. 그러나 결과적으로 디즈니가 예측한 시너지효과는 기대 이상으로 나타난 것 같다. 특히 마블의 22번째 영화인 「어벤져스: 엔드게임」은 글로벌 박스오피스에서 약 28억 달러, 원화로 32조 원이 넘는 기록적인 수익을 올렸다.

(참조: 로이터뉴스, Fox뉴스)

디즈니가 마블을 인수한 이유는 디즈니에게는 없는 캐릭터층을 확보하기 위함이었다. 즉 제품 포트폴리오를 다변화해 고객층을 넓히고, 이를 통해 궁극적으로 현금흐름을 증대시키려는 목적이었다. 디즈니는 마블이 보유한 아이언맨, 헐크, 토르를 활성화시킬 수 있는 충분한 인프라를 갖고 있었다. 영화는 물론이며 테마파크, TV, 스트리밍 사업, 그리고 다양한 라이선싱까지 마블 캐릭터를 십분 활용할 수 있는 방대한 네트워크를 보유하고 있었다. 이것들은 궁극적으로 디즈니와 마블에게 모두 윈윈으로 작용하는 요인들이다.

디즈니는 마블을 인수한 다음 두 회사의 사업은 통합했지만, 마블의 브랜드와 조직은 보존하는 방식을 선택했다. 마블 본사를 이전하지도 않았고, 2021년 말 현재 마블의 CEO와 CFO는 모두 디즈니가 마블을 인수하기 전부터 마블에서 일했던 사람들로 구성되었다. M&A로 야기될 수 있는 피인수기업 내부에 조성되는 불안감을 애초부터 제거해 핵심인력 유출을 방지하고, 모든 임직원이 이전과 같이 창조적으로 마음껏 일할 수 있도록 배려하기 위함으로 보인다.

디즈니의 마블 인수 사례로 본 책에서는 다음의 사항을 다루게 될 것이다.

- 인수합병의 기본적인 개념
- M&A 전략과 유형
- 기업 매수와 매각 절차
- 대상기업에 대한 M&A 실사 방법론과 연습
- 양해각서[MOU]와 합병계약서

2. 시장점유율 확대를 위한
　　SK하이닉스의 인텔 사업 인수

인텔은 SK하이닉스에 NAND 메모리 칩 사업을 현금 90억 달러에 매각하기로 합의했습니다. 이 딜은 SK하이닉스가 지금까지 진행한 딜 중 가장 큰 규모에 이릅니다. 이번 인수로 SK하이닉스는 NAND 메모리 시장에서 일본의 Kioxia를 추월하고, 선두주자인 삼성전자와의 격차를 좁힐 것으로 기대됩니다. 하지만 SK하이닉스의 주가는 딜의 밸류에이션 우려에 2% 하락하는 반면 삼성전자는 1% 오르는 양상을 보였습니다.

출처: SK Hynix to buy Intel's NAND business for $9 billion, 로이터뉴스, 2020. 10. 20.

● 딜 스토리 - SK하이닉스의 인텔 낸드 사업부 인수

대상자산	인텔 낸드메모리 사업부	인수회사	SK하이닉스
인텔 재무자문	Citi	하이닉스 재무자문	BOA Securities
딜 발표일	2020년 10월 20일	딜 유효일	현재 진행 중
딜의 유형	우호적	거래 형태	자산인수
딜의 규모	90억 달러(현금)	Deal Value/EBIT	약 7.5배

(출처: 톰슨로이터, Intel)

2020년 10월 20일 SK하이닉스는 인텔의 낸드메모리 사업부를 90억 달러에 인수하는 계약을 체결했다. 인텔의 낸드 사업부 자산에는 낸드 SSD 사업, 낸드부품 및 웨이퍼 사업, 중국 다롄 낸드메모리 제조시설, 관련 지적재산권, 그리고 임직원을 포함한다. 플래시 메모리란 지우고 다시 프로그래밍할 수 있는 비휘발성 메모리 저장매체를 말한다. 낸드플래시는 주로 메모리 카드, USB 플래시 드라이브, SSD 카드, 스마트폰 및 데이터의 일반 저장과 전송을 위한 유사 제품에서 사용된다. 이번 딜로 SK하이닉스는 낸드플래시 솔루션의 경쟁력을 높이는 반면, 인텔은 Optane 메모리 비즈니스를 유지하면서 5G와 인공지능에 지속적으로 투자할 것으로 기대된다. 딜 계약은 정부 승인을 득해야 발효가 된다. 양사는 2021년 말까지 당국의 승인을 얻도록 함께 노력하기로 했다. 정부 승인이 완료되면 2021년 말에 70억 달러, 2025년 말에 잔금 20억 달러를 지불함으로 계약은 종료된다.

한편 주주들과 언론들은 이번 거래가 너무 비싸다는 의견들을 내놓고 있다. 2020년 상반기에 흑자로 전환하긴 했지만, 인텔의 낸드와 Optane 메모리 사업은 2019년까지 4년 연속 적자를 기록했기 때문이다. SK하이닉스도 낸드 사업에서 적자를 기록했다. SK하이닉스 측은 하이닉스와 인텔의 강점과 기술을 융합해 고객의 다양한 니즈에 능동적으로 대응하고, 사업구조를 최적화해 D램에 버금가는 부문으로 혁신하겠다고 언급했다.

(참조: 로이터, Intel)

SK하이닉스 소개

업종	반도체	주가 (원)	112,000 (2021. 11. 16.)
본사	경기도 이천	시가총액 (조원)	81.5 (2021. 11. 16.)

설립년도	1949년	과거 3년간 실적 (순서대로 18, 19, 20년, 매출 / 영업이익)	40조 원 / 20.8조 원
CEO / 임직원 수	박정호, 이석희 / 29,125명		27조 원 / 2.7조 원
			32조 원 / 5.0조 원

(출처: 네이버, 야후 파이낸스)

SK하이닉스는 1983년 현대전자로 설립되어 경기도 이천에 본사를 둔 글로벌 반도체 회사이다. 회사제품은 DRAM, 낸드플래시, CMOS 이미지 센서와 같은 시스템 반도체와 기업고객용 드라이브로 구성되었다. 또한 컴퓨팅, 모바일 및 그래픽 메모리 제품을 포함한다. 이전에는 하이닉스반도체로 알려졌다가 2012년 SK그룹이 SK텔레콤을 통해 인수하면서 SK하이닉스로 사명을 변경했다. 당시 SK그룹은 SK텔레콤의 확장에 한계를 느껴 그룹 차원에서 사업 포트폴리오의 확장이 필요했다. 때마침 하이닉스가 공개매각으로 나왔는데 당시에만 하더라도 주위에서 하이닉스 인수를 매력적으로 보지 않았다. 반도체 산업은 경기 순환에 따라 급등락이 반복되곤 하는데 당시에는 저성장 분위기에 있었기 때문이다. 하이닉스를 매각하던 주체도 주주가 아닌 채권단이었다는 사실은 하이닉스의 재정상태가 좋지 않았음을 보여 준다. 그러나 SK그룹의 하이닉스 인수에 대한 의지는 매우 강했다. SK그룹은 SK텔레콤을 통해 채권을 발행해 인수금융을 일으켜 결국 하이닉스를 인수했다. 하이닉스를 인수한 지 10년이 지난 지금 SK하이닉스는 SK그룹에서 현금흐름의 맏형 역할을 톡톡히 하고 있다. 2021년 말 기준 시가총액에도 90조 원에 가까워지면서 국내 주식시장을 대표하는 대장주 중 하나로 손꼽힌다.

인텔 소개

업종	반도체	주가	$50.7 (2021. 11. 16.)
본사	미국 캘리포니아주	시가총액	$206 billion
설립년도	1968년	과거 3년간 실적 (순서대로 18, 19, 20년, 매출 / 영업이익)	$70.8b / $23.2b $71.9b / $22.4b $77.8b / $23.8b
CEO / 임직원 수	Patrick Gel. / 117,200명		

(출처: 야후 파이낸스)

인텔^{Intel}은 1968년에 설립되어 미국 캘리포니아주 산타클라라에 본사를 둔 글로벌 반도체 회사이다. 주요 사업으로는 일반 소비자와 기업고객을 위한 클라우드, 스마트 및 관련 장치를 위한 필수 기술을 설계, 제조 및 판매하는 것이다. 주요 제품은 중앙처리장치^{CPU}, 칩셋, 시스템 온 칩과 같은 플랫폼 부문과 가속기, 보드와 시스템, 연결제품, 그리고 메모리 저장과 같은 비플랫폼 부문으로 구성된다. 인텔은 사업포트폴리오를 확장하면서 고성능 컴퓨팅 솔루션을 포함한 IOT 제품까지 생산하고 있다. 나아가 캐나다 몬트리올에 소재한 AI회사인 MILA와 전략적 파트너십을 맺고, 제약 분야에서 검색을 향상시키기 위한 인공지능을 개발하면서 적용하고 있다. 인텔의 낸드메모리를 포함한 비휘발성 메모리 사업은 2020년 반기 동안 28억 달러의 매출과 6억 달러의 영업이익을 기록했다.

(참조: Intel)

• 딜의 목적

SK하이닉스가 인텔의 낸드 사업을 인수한 목적은 낸드플래시의 시장점유율을 확장하기 위함이다. 인텔의 한 사업부를 인수함으로 경쟁력을 높여 메모리 생태계에서 살아남고, 나아가 성장을 도모하려는 것이다. SK하이닉스는 DRAM 부문에서 삼성전자에 이어 2위의 점유율을 갖고 있지만, 낸드메모리는 4위의 점유율로 상대적으로 열세하다. 삼성이 31.4%, 일본의 키옥시아^{Kioxia}가 17.2%, 그리고 인텔, 마이크론, SK하이닉스가 10%대를 구성하고 있다. 인텔의 낸드 사업부 인수를 완료하면 SK하이닉스는 낸드시장에서 23%대의 점유율을 형성해 DRAM과 같이 삼성전자에 이어 2위의 점유율을 갖게 될 것이다.

SK하이닉스는 낸드플래시를 빠르게 성장하는 사업으로 여기고 있다. 시장조사 기관인 트렌드포스^{Trendforce}에 의하면 코로나 기간 동안 많은 사람들이 재택근무를 하면서 PC와 서버에 대한 수요가 크게 증가했고 이에 따라 낸드플래시 시장이 크게 성장했다고 한다. SK하이닉스 전략은 기업용 SSD를 비롯해 스토리지 솔루션의 경쟁력을 강화하고 가격경쟁력을 높이는 것이다.

한편 인텔이 본 사업을 매각하는 이유는 낸드 사업의 변동성이 크다고 판단했기 때문이다. 이에 따라 낸드 사업을 인텔의 비핵심사업 중 하나로 분류했다. 대신 Optane 메모리 사업은 유지하고, 장기적으로 인터넷사물^{IOT}, 인공지능^{AI}, 5G 네트워킹 사업에 지속적으로 투자할 계획을 갖고 있다. 인텔이 제공한 기사에 따르면 인텔의 최고 경영자 밥 스완은 '이번 매각을 통해 인텔은 앞으로 차별화된 기술투자에 우선순위를 둘 것'이라고 했다. 그러나 일각에서는 미·중 간에 심화되는 무역 긴장이 중국에 공장을 둔 낸드플래시 사업을 매각하는 데 중요한 영향으로 작용했다고 보기도 한다.

SK하이닉스의 인텔 낸드 사업부 인수 사례로 본 책에서는 다음의 사항을 다루게 될 것이다.

- 크로스보더 M&A에서 주의할 것들
- 자산인수의 구조

(참조: 로이터, Intel)

3. LBO를 활용한 사모펀드 베인캐피탈의 HCA헬스케어 인수

세계 최대 병원 운영 회사인 HCA Holdings는 지난달 IPO 예비가격 범위를 주당 27~30달러로 정했습니다. HCA는 2006년 약 300억 달러에 매각된 후 비공개로 전환했었습니다. 2010년에는 자본재구성을 통해 투자자들에게 43억 달러의 배당금을 지급했습니다. 이번 IPO는 케이크 위에 놓인 장식과 같이 추가 선물이 되는 셈입니다. 무엇보다 중요한 것은 2006년 사모펀드 그룹이 HCA를 인수하는 딜 중심에 HCA의 창업자이자 전 운영자인 토마스가 있었다는 사실입니다. 토마스는 1989년에도 Goldman Sachs와 JP Morgan과 함께 같은 회사인 HCA를 대상으로 LBO를 시도해 8배 이상의 수익을 올린 적이 있었습니다.

출처: KKR & Bain To IPO HCA At $30 Per Share, INSIDER, 2011. 3. 4.

● 딜 스토리 - 베인캐피탈의 HCA헬스케어 인수

대상회사	HCA Healthcare	인수회사	Hercules Acquisition Corp
딜 발표일	2006년 7월 24일	딜 유효일	2006년 11월 17일
딜의 유형	우호적 / LBO, MBO	거래 형태	100%
딜의 규모	329억 달러(현금)	Deal Value / EBIT	8.33

(출처: 톰슨로이터)

2006년 11월 17일 사모펀드회사인 베인캐피탈, KKR, 메릴린치 PE는 HCA헬스케어의 설립자 토마스[Thomas]와 함께 HCA헬스케어를 인수했다.

HCA헬스케어는 미국에서 180여 개의 종합병
원을 운영하는 의료회사이다. 사모펀드 그룹
과 창업자는 Hercules Acquisition Corp라는 이
름의 특수목적회사^{SPV}를 설립한 후 차입매수^{LBO}
방식으로 주당 51달러를 지급하면서 HCA헬스
케어 주식 전량을 인수했다. 부채 117억 달러까지 포함하면 딜 가치가
329억 달러에 이른다. 딜을 위해 동원된 자기자본 중 사모펀드 세 곳이
각 15억 달러를 출자했고, 나머지 5억 달러는 토마스가 투자했다. 부채
는 JP모건, 씨티그룹, BOA, 메릴린치를 포함한 다수의 은행들이 신디케
이션 방식으로 조달할 예정이었다.

이 딜은 기존의 가장 큰 차입매수 기록을 깨뜨리는 역사적인 딜이었
다. 세계 최초의 사모펀드회사인 KKR은 1989년 카멜 담배와 오레오 과
자로 유명한 RJR Nabisco를 차입매수 방식으로 302억 달러에 인수했
다. 차입매수(LBO: Leverage Buyout)란, 자본금 대비 많은 부채를 활용
해 대상회사의 경영권을 장악하는 방식을 의미한다. 두 딜의 다른 점은
RJR Nabisco 딜은 큰 수익을 내지 못했지만, HCA헬스케어 딜은 경이로
운 투자수익률을 기록했다는 것이다. 사모펀드 군단과 토마스는 투자
후 HCA헬스케어가 재상장하기 직전에 자본재구성^{recap}을 통해 20억 달
러의 배당금을 받았다. 자본재구성이란 차입금을 활용해 주주에게 배당
금을 지급하는 방식이다. 이후 투자자들은 IPO를 통해 주가차익으로 인
한 자본소득까지 얻으면서 세 배의 수익을 얻게 되었다.

(참조: FT, Insider)

토마스 프리스트

토마스 프리스트[Thomas Frist Jr]는 1938년에 출생한 미국의 재력가이자 의사이다. 1968년에 그는 아버지 토마스 프리스트[Thomas Frist Sr]와 벤처투자자였던 잭 매시[Jack Massey]와 함께 HCA(Hospital Corporation of America)를 공동 설립했다. 그의 가족 대부분은 유명인사였다. 아버지는 내슈빌에서 저명한 내과의사였으며, 그의 형제 중 한 명은 미국 상원 다수당 원내대표를 역임했다. 토마스는 벤더빌트대학교를 졸업하고, 워싱턴대학교에서 MD를 받았다. 1977년에는 HCA헬스케어 사장이 되었고 1987년에는 회장으로 취임했다.

그는 2006년 사모펀드 그룹과 함께 HCA헬스케어의 차입매수를 주도한 사람이다. 사업과 투자에 매우 익숙했던 전문가로서 HCA헬스케어를 대상으로 1998년에 이미 한 차례의 LBO를 시도해 8배의 수익을 낸 적이 있었다. 뿐만 아니라 1984년부터 1995년까지 IBM 이사회 일원이었으며, 1999년부터 2000년까지 내슈빌 상공회의소 의장을 역임했다. 항공기 회사인 Tomco Ⅱ의 사장이기도 했으며, 중국 CHC(China Healthcare Corporation)까지 공동으로 창업했다. 토마스 프리스트는 1961년 패트리샤[Patricia]와 결혼했으며, 슬하에 세 자녀를 두고 2021년 사망했다.

(사진 및 글 참조: Wikipedia)

HCA헬스케어

업종	의료 서비스 (병원 사업)	주가	$246 (2021. 11. 17.)
본사	미국 테네시주 내슈빌	시가총액	$76 billion

창업자 / 설립년도	토마스 외 2명 / 1968년	과거 3년간 실적 (순서대로 18, 19, 20년 매출 / 영업 이익)	$46.6b / $6.6b $51.3b / $7.2b $51.5b / $7.2b
CEO / 임직원 수	Samuel Hazen / 195,000명		

(출처: 야후 파이낸스)

　HCA헬스케어는 병원프랜차이즈 사업을 영위하는 회사이다. 2020년 12월 말 기준 미국 20개 주와 영국에서 178개의 종합병원과 5개의 정신병원, 그리고 2개의 재활병원을 운영하고 있다. 또한 121개의 독립 수술센터와 21개의 내시경센터까지 운영하고 있다. 종합병원은 내과, 외과, 심장내과, 종양학, 신경외과, 정형외과, 산부인과, 진단 및 응급 서비스와 같은 모든 범위의 서비스를 다루고 있다. 정신병원의 경우 입원환자, 부분입원 및 외래환자의 정신건강을 관리하는 업무를 담당하고 있다.

　HCA헬스케어는 차입매수 방식으로 인수하기에 꽤 적합한 형태의 기업이다. 차입매수에서 동원되는 차입금을 상환할 수 있는 EBITDA가 매우 안정적일 뿐 아니라 사업의 형태상 담보로 활용할 수 있는 토지와 병원시설 등 유형자산이 풍부하기 때문이다. 경기순환적이거나 변동성이 심한 실적을 가질 경우 차입매수가 어렵거나 차입매수에 동원할 수 있는 부채의 규모를 측정하는 것이 어렵다. 그러나 HCA헬스케어의 경우 2006년 딜을 시도하기 전 과거 3년간 EBITDA가 40억 달러 수준에서 매우 일정한 흐름을 보였으며, 2021년에는 136억 달러로 크게 증가했다. 아마도 토마스는 자신이 창업한 회사의 속성을 매우 잘 알고 있었고, 실적을 개선할 수 있는 방법까지 알았을 것으로 판단된다. 따라서 이 투자에 가담할 수 있었던 사모펀드들은 매우 훌륭한 투자 기회를 절로 얻은 셈이었다.

(참조: 야후 파이낸스, HCA헬스케어, Insider)

● **딜의 목적**

　토마스를 중심으로 사모펀드 군단이 HCA헬스케어를 인수한 이유는 순전히 투자수익을 얻기 위함이다. 싸게 사서 비싸게 파는 전형적인 전략을 추구하는 것이었고, 결과적으로 큰 성공을 거두었다. 자금조달 방식은 부채를 최대한 끌어와 레버리지효과를 십분 발휘할 수 있는 차입매수^{LBO}였고, 경영진 선임 방식은 MBO(Management Buyout)였다. MBO란, 현재 경영진이 외부투자자의 자금을 동원해 경영하는 회사의 주주들로부터 지분을 매집하면서 경영권을 획득하는 방식을 말한다.

　사실 2006년에 있었던 이 딜은 토마스가 같은 회사를 대상으로 두 번째 시도한 MBO였다. 첫 번째는 1989년이었다. 당시 주가가 저평가되었다고 생각한 토마스는 골드만삭스와 JP 모건과 함께 51억 달러로 HCA헬스케어의 다른 주주들의 지분 전량을 인수했다. 역시 LBO 방식을 동원했다. 그리고 3년 후인 1992년 재상장에 성공하면서 투자자들은 8배 이상의 투자수익을 거두었다. 토마스는 이렇게 해서 큰 수익을 거둘 수 있다는 것을 이미 알고 있었다.

　1992년 IPO 이후 지분은 다시 분산되었고, 시간이 지나 또다시 투자 기회를 포착한 토마스는 2006년 사모펀드들과 함께 두 번째 MBO를 시도했다. 사모펀드 입장에선 이미 1992년 투자은행들이 8배의 수익을 거둔 사례이기도 하면서 창업자이자 경영자인 토마스가 딜의 중심에 서게 되니 대단한 투자 기회를 얻은 것이었다. 2006년 11월 17일 토마스를 중심으로 베인캐피탈, KKR, 메릴린치는 차입인수 방식을 동원해 330억 달러 규모의 딜을 성공적으로 마무리했다. 여기서 자기자본이 50억 달러가 동원됐는데 토마스가 5억 달러를 출자하고, 사모펀드가 각각 15억 달러씩 투자했다. 비상장기업으로 있는 동안 유보이익과 차입금을 동원해 배당금으로 투자수익을 얻었고, IPO에 성공하면서 추가적으로 큰 자본소득까지 얻었다. 2011년 3월 HCA헬스케어의 재상장에 성공하면서 약 380억 달러의 신규자금을 조달해 미국 역사상 사모펀드가 주도한 가장 큰 IPO로 기록되었다. HCA헬스케어는 현재 여전히 성장 중인 포춘Fortune 500대 기업 중 하나이다. 2017년 말 기준으로 매출액과 영업이익은 각각 436억 달러, 60억 달러였는데 2021년에는 580억 달러, 97억 달러로 크게 성장했다.

LBO이자 MBO 방식이 동원된 HCA헬스케어 사례를 통해 본 책에서는 다음의 사항을 다루게 될 것이다.

- M&A 가치평가 방법론
- EV/EBITDA배수와 DCF 모델의 이해와 적용
- LBO 가치평가와 입찰가격의 조정
- 인수금융과 LBO절차
- M&A 딜 스트럭처링과 LBO 파이낸싱
- 메자닌금융
- LBO 스트럭처링의 적용

(참조: Wikipedia, FT, Insider)

4. 사업 포트폴리오 확장을 위한 아스트라제네카의 알렉시온 인수

영국의 아스트라제네카가 미국 제약사인 알렉시온을 사상 최대 규모인 390억 달러에 인수하기로 합의했습니다. 알렉시온 주주들은 주당 현금 60달러와 약 115달러 상당의 아스트라제네카 주식을 받게 될 것이라고 아스트라제네카는 밝혔습니다. 알렉시온 주가가 금요일에 약 121달러에 마감된 것을 고려할 때 주당 프리미엄은 54달러가 됩니다. 아스트라제네카의 CEO인 Pascal Soriot 은 "우리가 면역학 발전을 가속화하고 질병의 새로운 부문, 의사의 새로운 부문, 그리고 우리가 지금까지 다룰 수 없었던 환자에게로 접근하는 것은 엄청난 기회"라고 언급했습니다.

출처: AstraZeneca to buy Alexion for $39b, to expand in immunology, 로이터뉴스, 2020. 12. 12.

● 딜 스토리 - 아스트라제네카의 알렉시온 인수

대상회사	알렉시온Alexion Pharma	인수회사	아스트라제네카AstraZeneca
딜 발표일	2020년 12월 12일	딜 유효일	2021년 7월 21일
딜의 유형	우호적 / 합병	거래 형태	100%
딜의 규모	394억 달러 (현금과 주식스왑)	Deal Value / EBIT	13.01

(출처: 톰슨로이터, 아스트라제네카)

2020년 12월 12일 영국의 아스트라제네카는 미국 보스턴에 본사를 둔 알렉시온의 지분 100%를 인수하기로 결정했다. 현금과 주식을 동원해 총 394억 달러에 매입하기로 합의했으며, 딜 가치는 영업이익 대비 13배에 달했다. 아스트라제네카와 알렉시온의 주주 99%가 두 회사의 합병을 찬성했다. 딜의 목적은 아스트라제네카의 사업 포트폴리오를 다변화해 회사 매출을 2025년까지 견고하게 성장시키기 위함이었다. 아스트라제네카는 국내에 코로나 백신으로 유명하지만, 주요 사업은 암 치료제를 개발해 판매하는 것이다. 종양학을 비롯해 호흡기, 심혈관 및 면역학에 중점을 두고 있으며, 그 외 사업으로 제3의 기관들과 공동연구를 수행하는데 그중 하나가 코로나 백신 프로젝트였다. 알렉시온의 주요 사업은 발작과 혈색소뇨증, 그리고 일부 희귀질환에 대한 치료제를 개발해 판매하는 것으로 아스트라제네카가 전혀 갖고 있지 않은 사업영역이다.

딜을 발표한 후 여러 국가의 정부 당국 승인을 기다리다가 2021년 7월 21일부로 모든 승인이 완료되면서 딜은 무사히 종료되었다. 영국의 경쟁규제기관이 두 회사의 합병에 대해 잠재적인 반독점에 대한 우려 섞인 시각으로 조사를 시작했으나, 궁극적으로 합병에 대한 테스트를 무사히 통과시켰다. 아무래도 글로벌 제약회사로서 사회에 기여하는 것에 대한 긍정적인 측면에 더 많은 점수를 준 것으로 보인다. 영국뿐 아니라 미국의 연방거래위원회^{FTC}를 포함해 10개국에서 승인을 얻었고, EU와 일본의 규제기관에서도 모두 승인했다. 이제 아스트라제네카는 알렉시온의 속성을 고려해 신속하고 효율적으로 통합하면서 M&A 동기를 따라 시너지를 창출할 일만 남았다.

(참조: FT, 로이터, 아스트라제네카)

아스트라제네카

업종	제약	주가	£84.86 (2021. 11. 18.)
본사	영국 캠브리지	시가총액	£131 billion
설립년도	1992년	과거 3년간 실적 (순서대로 18, 19, 20년 매출 / 영업이익)	$22.1b / $1.5b
CEO / 임직원 수	Pascal Soriot / 70,100명		$24.4b / $3.0b $26.6b / $3.7b

(출처: 야후 파이낸스)

아스트라제네카는 질병치료를 위한 의약품을 개발하고 상업화하는 글로벌 바이오회사이다. 주요 분야는 크게 세 가지로 종양학, 심혈관과 신장 및 대사^{CVRM}, 그리고 호흡기와 면역학이다. 그 외 공동연구 작업과 다른 질병에 사용되는 의약품을 개발하고 있지만, 이 부문은 세 분야에 비해 규모가 작다. 코로나 백신 개발은 공동연구 작업에 속하는 하나의 결과로 옥스포드대학교와 협업하고 있다. 2020년 아스트라의 총매출은 266억 달러였는데 이 중 의약품 매출이 259억 달러, 공동개발 매출은 7억 달러였다.

2021년 기준으로 아스트라제네카의 매출은 성장 중에 있다. 암 치료제인 타그리소^{Tagrisso}와 임핀지^{Imfinzi}의 승인에 힘입어 2020년 의약품 매출이 전년 대비 10% 성장했다. 지역 측면에서 보면 미국에서 12%, 유럽에서 16%, 이머징마켓에서 6% 성장했다. 영업팀은 2020년 기준 약 43,400명으로 구성되었는데 이들은 100여 개 국가에서 활동하고 있다. 이들이 속한 곳은 아스트라제네카가 전액 출자한 현지 마케팅회사로서 1차 진료 및 전문의를 대상으로 영업활동을 진행하고 있다.

2020년 기준 과거 3년간 연구개발 평균투자금액은 연 59억 달러로 매출액 대비 평균 26%에 달한다. 회사의 연구개발 인력은 2019년 기준 9,200명이며 전 세계적으로 분포되어 있다. 주요 연구개발 센터는 영국 캠브리지, 미국 게이더스버그, 그리고 스웨덴 예테보리에 있는데 중국 시장에서 더 확장하기 위해 상하이에 글로벌 연구센터를 설립했다. 아스트라제네카는 이곳에서 중국 현지 연구개발 인력을 약 1천 명으로 늘려 신약연구에 집중하기로 발표한 바 있다.

(참조: 아스트라제네카)

알렉시온

업종	제약	본사	미국 메사추세츠 보스톤
창업자 / 설립년도	Leonard Bell / 1992년	과거 3년간 실적 (순서대로 18, 19, 20년 매출 / 영업이익)	$4,131m / $270m $4,991m / $2,120m $6,070m / $2,860m
CEO / 임직원 수	Ludwig Hantson / 2,525명		

(출처: Wikipedia, 톰슨로이터)

알렉시온은 1992년에 설립되어 미국 보스톤에 소재한 바이오회사이다. 중증 및 희귀질환 치료제 개발을 전문으로 하며 지역적으로 미국에서 가장 많은 매출을 올리고 있다. 2020년 말 기준 매출액은 60억 달러였다. 이 중 Soliris라는 약이 41억 달러를, ltomiris라는 약이 11억 달러를 차지하는데 둘 다 비정형용혈성 요독증후군[aHUS]과 발작성야간 혈색소뇨증[PNH]이라는 희귀질환을 치료하는 데 사용된다. 저인산혈증 치료에 사용되는 Strensiq라는 약은 7억 달러, 리소좀산 리파아제 결핍증 치료에 사용되는 Kanuma는 1억 달러의 매출을 올렸다. 마지막으로 리바록사반 또는 아픽사반을 복용할 때 위협적인 부작용이나 통제할 수 없는 출혈을 위해 사용되는 Andexxa는 8천만 달러의 매출을 기록했다. 알렉시온이 제조하는 약품은 전 세계에서 가장 비싼 약품에 속한다. 일반적으로 이러한 약물을 사용하는 경우가 드물기 때문에 보험회사는 알렉시온이 생산하는 제약에 대해 높은 가격을 지불해 왔다. 알렉시온은 나스닥에 ALXN이라는 티커로 상장했었지만, 아스트라제네카가 인수한 이후 상장을 폐지했다.

(참조: Wikipedia)

• 딜의 목적

아스트라제네카가 알렉시온을 인수한 이유는 사업 포트폴리오를 다변화해 종양학에 편중된 사업비중을 분산시키기 위함이다. 알렉시온 인수로 아스트라제네카는 기존 파이프라인에 5개의 승인된 제약과 11개의 잠재적 승인 가능성이 있는 제약을 추가할 수 있게 되었다. 이것으로 2025년까지 두 자릿수 매출 성장을 이루는 것이 아스트라제네카의 궁극적인 목표이다.

아스트라제네카는 이번 딜의 시너지가 아스트라제네카의 인프라에 알렉시온만이 보유한 제품의 융합에서 비롯될 것으로 기대하고 있다. 일단 두 회사 간에 지리적으로 또는 제품적으로 크게 중복되는 영역이 없다. 파스칼이 이 딜을 공식적으로 발표했을 때 종양학 시장이 성장하고 있는 미국에서 영국 제약회사의 입지를 강화할 수 있을 것이라고 언급했다. 또한 아스트라제네카의 인프라를 통해 알렉시온이 중국을 포함한 신흥시장으로 사업을 확장하는 데 도움이 될 것이라고 말했다. 알렉시온은 Soliris의 개선된 버전인 Ultomiris라는 상품에 주력하는 중이다. 아스트라제네카는 이 약품이 자사의 인프라를 통해 더 큰 시장에서 그 잠재력을 발휘할 것이라고 믿고 있다. 이번 거래로 아스트라제네카는 궁극적으로 연간 약 5억 달러의 세전이익을 추가할 수 있을 것으로 보고 있다.

아스트라제네카의 알렉시온 인수 사례를 통해 본 책에서는 다음의 사항을 다루게 될 것이다.

- PMI의 이해와 절차
- PMI 1단계: PMI 프레임워크 정의
- PMI 2단계: PMI 실무계획 수립
- PMI 3단계: PMI의 실행
- 기업가치제고 전략 수립
- 아스트라제네카의 알렉시온 PMI 실행계획 작성 연습

M&A거래와
PMI전략 A부터 Z까지

디즈니와 마블의 합병 편

PART I

M&A거래 실무

M&A 전략과 유형:
디즈니는 왜 마블을 인수했나?

1. 인수와 합병의 이해와 차이

M&A거래 열풍이 불면서 투자은행은 사상 최고 수준의 수수료를 긁어모았습니다. 올해 상반기 자문수수료는 179억 달러로 2000년 이후 최고치를 기록했습니다. 사모펀드는 팬데믹이 시작할 때 주춤하다가 점점 기록적 규모의 자금을 투자하기 위해 경쟁하더니 2021년 상반기에는 M&A 전체 거래량에서 18%의 점유율을 가졌습니다. 블랙스톤의 대표이자 최고운영이사인 존 그레이는 "올해 우리는 투자하고 회수하는 데 매우 적극적이었다"라면서 자산가격이 "분명히 저렴하지는 않지만" 낮은 이자율 혜택을 받아 "장기적으로 긍정적인 분위기"로부터 이익을 얻을 수 있는 기업을 매수하고 있다고 언급했습니다.

출처: Private equity breaks 40-year record with $500bn of deals, FT, 2021. 7. 1.

● 인수합병 이해하기

　인수합병(M&A: Merger and Acquisition)은 말 그대로 인수와 합병이 결합된 용어이다. 인수는 한 회사가 다른 회사의 경영권을 취득하는 것이며, 합병은 한 회사와 다른 회사가 합쳐지는 것이다. 인수와 합병은 둘다 한 회사가 다른 회사의 지분을 매입하는 것으로 시작된다. 그다음 두회사의 속성이나 비즈니스 전략을 고려해 모회사가 자회사의 지분을 보유한 채 두 회사를 별도의 법인으로 유지하는 인수거래로 남겨 두거나, 두 회사를 하나로 합치는 합병거래로 연결할 수 있다.

인수의 형태

　스위스의 바이오회사 노바티스^{Novartis}는 콘택트 렌즈와 시력관리 제품을 제조하는 알콘^{Alcon}을 인수한 바 있다. 처음에는 알콘을 소유했던 네슬레^{Nestlé}로부터 지분 일부를 인수했었다. 그 후 잔여지분을 인수하면서 100% 지분 전체를 보유해 알콘은 노바티스로 흡수합병되었다. 그러다 최근 경영상의 이유로 알콘^{Alcon}을 분할해 다시 노바티스의 자회사로 두었다. 이 거래는 최초 인수거래로 시작해 합병을 거친 후 분할에 이르면서 세 가지 거래의 유형을 겪었다.

(참조: 로이터)

　인수는 대상회사의 경영권을 인수해 인수회사의 자회사로 두는 딜의 형태이다. 경영권 취득을 위해 50%가 넘는 지분을 보유하면 확실하지만, 주식의 분산 환경에 따라 그 이하에서 취득하는 경우도 있다. 인수는 거래의 마감 단계에서 합병과 다르다. 인수회사는 대상회사의 경영권과 주식을 취득한 다음 대상기업을 흡수하지 않고 독립된 법인 형태의 자회사로 유지한다. 경영진은 대상회사의 지분을 100% 취득할 수 없거나 100%를 취득하더라도 자회사로 유지하는 것이 낫다고 판단할 때 합병에 이르지 않고 인수 형태로 둘 수 있다. 자회사 사업이 모회사의 사업과 전혀 다르거나, 양사의 문화적 차이가 너무 커서 결합하는

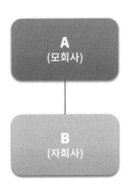

그림2-1: 인수거래의 형태

것이 비효율적일 경우에 합병 대신 인수를 선택하게 된다. 합병은 두 회사가 하나가 되는 것이며, 인수는 두 회사의 체재가 유지된다. 따라서 인수 후 통합^{PMI}의 방법도 달라지게 된다. 이론적으로 합병은 두 회사가 하나가 되는 것이므로 PMI 측면에서 인수보다 더 많은 전략과 작업을 요구하게 된다. 한편 인수거래에서 주식이 아닌 자산을 취득하는 경우도 많다. 자산의 형태는 다음과 같다.

- 공장, 설비, 또는 부동산과 같은 유형자산
- 특허, 저작권, 또는 기술과 같은 무형자산
- 자산과 함께 그 사업과 임직원을 모두 포함한 영업권

합병의 형태

2016년 AT&T는 타임워너$^{Time\ Warner}$를 인수한다고 발표했다. 그리고 2년 후인 2018년에 정부 당국이 마침내 두 회사의 합병을 승인했다. AT&T는 타임워너$^{Time\ Warner}$의 인수를 완료한 다음 타임워너와 합병했다. 존속회사는 인수회사인 AT&T이다. AT&T는 미국의 대형 통신회사이고,

타임워너는 DC 저작권 등을 갖고 있는 대형 미디어 회사이다. 현재 타임워너는 AT&T의 WarnerMedia라는 사업부로 존속되고 있다. 타임워너가 AT&T로 흡수합병된 것이다.

(참조: FT)

합병은 두 회사가 하나의 회사로 합쳐지는 거래이다. 따라서 한 회사의 모든 임직원이 다른 회사로 옮기거나, 두 회사 모든 임직원이 이전 회사들을 퇴사하고 새로운 회사로 이동하게 된다. 또한 두 회사의 자산, 부채, 매출 등의 재무지표들은 하나의 재무제표에서 통합된다. 합병의 유형은 마지막에 존속하는 법인의 종류에 따라 두 가지로 분류할 수 있다. 하나는 흡수합병이고, 다른 하나는 신설합병이다.

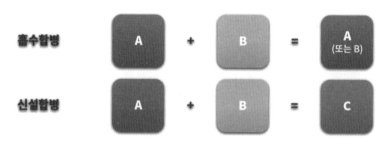

그림2-2: 흡수합병과 신설합병의 형태

흡수합병은 한 회사가 다른 회사를 흡수하고 흡수한 회사가 존속하는 거래 형태이다. 일반적으로 인수회사가 존속되고 대상회사가 인수회사로 흡수된다. 그러나 대상회사의 규모가 더 크거나 네임벨류가 높을 경우 인수회사가 대상회사로 흡수되는 형태를 선택할 수도 있다. 이때 흡수되는 회사의 모든 자산과 부채, 그리고 임직원은 존속회사로 옮겨지게 된다. 인수회사는 필요에 따라 페이퍼컴퍼니 형태의 특수목적회사^{SPC}를 설립해 대상회사를 인수하는 경우가 있다. 이 경우 SPC가 형태로는 인수회사이지만 피인수회사로 흡수된다. 전문적인 용어로 인수회사의 자회사가 대상회사로 흡수되는 합병을 역삼각합병이라고 한다. 역삼각합병은 뒤에서 자세히 배울 차입매수^{LBO}의 기본적인 거래 형태가 된다.

두 회사가 합병해 새로운 회사를 형성하는 형태를 신설합병이라고 한다. 기존의 두 회사가 모두 없어지고 존속될 회사가 신설되는 것이다. 이 경우 인적자원을 포함해 두 회사의 모든 자산은 신설법인으로 이전하게 된다. 결정에 따라 두 회사에 속한 모든 임직원들은 기존 회사로부터 퇴직금을 정산받은 후 존속회사에 합류해야 할 수도 있다. 또한 두 회사는 기존에 보유했던 영업권과 모든 계약 형태를 신설법인으로 이전해야 한다. 흡수합병에 비해 절차가 복잡하고 많은 법적 해결을 필요로 하는 거래이다. 실무에서는 신설합병보다 흡수합병 형태의 거래가 더 많이 발생한다. 만약 기존의 두 회사에서 풀어야 할 재무적·법적 문제가 많아 영업에 지장이 있거나 핵심사업 영위가 힘들다고 판단될 경우 신설합병을 선택할 수도 있다.

● **인수합병의 포괄적 해석**

한편 인수합병은 분할, 합작투자, 또는 전략적 제휴나 기술제휴와 같이 회사의 경영권에 영향을 미치는 모든 거래 형태를 포함한다.

분할과 합작투자

분할Spinoff은 한 기업에 속한 부서 또는 사업부를 새로운 독립법인으로 형성하기 위해 분리하거나 분사시키는 인수합병의 한 형태이다. 회사는 다음과 같은 이유로 한 부서를 독립법인으로 분할한다.

- 어떤 특정 부서의 사업이 다른 부서들과 다른 기능을 갖고 있어 해당 사업을 별도로 관리하고 개발하면 더 높은 기업가치를 갖거나 부가가치를 형성할 수 있을 것으로 판단될 경우
- 동일한 회사 아래 특정 사업이 다른 사업들과 다른 의사결정 프로세스를 갖고 있거나 문화를 형성하고 있어 해당 사업을 더 효과적으로 관리해야 할 필요가 있다고 판단될 경우

합작투자Joint Venture는 두 회사가 어떤 사업이나 프로젝트에 관해 협력하기 위해 둘 간에 계약을 맺고 동일한 법인에 투자하는 거래이다. 회사 A가 신기술을 보유해 다른 국가에 진출하기를 원한다고 가정하자. 한편 해당 국가에 소재한 회사 B는 자본이 있고 회사 A가 보유한 신기술 찾고 있던 중이었다. 이 경우 두 회사의 목표는 서로 겹치게 된다. 두 회사의 이러한 사업계획이 서로 공유되면 그들은 만나 협상하고 각 회사의 지분율을 결정한 다음 합작투자 계약을 체결하게 된다. 그리고 합작법인을 설립해 자본과 기술을 투입하면서 신사업을 일으키고 합작법인에서 발생하는 이익을 공유하게 될 것이다.

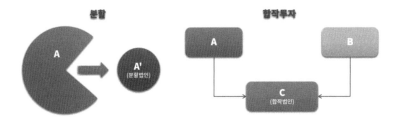

그림2-3: 분할법인과 합작법인의 형태

기술제휴

기술제휴는 합작투자와 유사한 인수합병 거래이다. 한 회사가 기술 X 를 갖고 있고, 다른 회사가 기술 Y를 갖고 있다고 하자. 그리고 두 회사 모두 두 기술이 융합하면 시너지 효과를 창출할 것을 알고 있다고 하자. 그러면 두 회사는 협력을 통해 새로운 비즈니스를 시작할 수 있다. 이때 합작투자와 같이 합작법인을 설립해 제휴사업을 하거나, 신규법인 설립 없이 계약에 의거해 기존 회사에서 제휴사업을 할 수도 있다. 애플Apple 은 전기자동차를 생산할 계획이며 이에 대한 디자인과 설계기술을 보유 하고 있다. 한편 폭스콘Foxconn은 정교한 조립기술과 공장을 보유하고 있 다. 이 경우 두 회사는 (신규법인을 설립하지 않고도) 두 회사의 기술을 어떻게 융합하고 어떻게 수익을 배분할지 협의한 다음 미래에 전기자동 차를 제조하기 위한 기술제휴 계약을 체결할 수 있다.

2. 5가지 M&A 유형 - 마블 딜 vs 알렉시온 딜

M&A는 유형별로 구분할 수 있다. 크기에 따라 대형딜이나 소형딜로 분류할 수 있고, 대상기업의 속성에 따라 벤처딜이나 구조조정딜로 표현할 수도 있다. 여기서는 다섯 가지 기준을 따라 그 유형을 나눠 본 다음, 마블 딜과 알렉시온 딜은 각 기준에서 어느 유형에 속하는지 살펴보도록 하자.

구분	유형			
거래 협의 태도	우호적		적대적	
가치사슬	수평적^{Horizontal}	수직적^{Vertical}	복합적^{Conglomerate}	
마케팅 전략	공개^{Public}	선택적^{Selective}	개별교섭^{Private}	
국내 또는 해외	인바운드^{inbound}		아웃바운드^{outbound}	
인수대금 지불수단	현금	주식스왑	혼합	LBO

5가지 기준에 의한 M&A 유형의 구분

• 매수 측 인수의 태도

M&A 유형은 매도자의 거래 의향에 반응해 매수자의 인수 태도에 따라 우호적과 적대적으로 구분할 수 있다.

- 우호적 인수는 매도자가 먼저 매각을 결정한 상태이거나, 매수자가 매도자에게 인수 제안을 할 때 매도자가 진행할 의사가 있다는 것을 배경으로 한다. 이런 경우 두 기업은 협의를 거치며 순차적인 절차를 밟게 되고, 거래조건에 대해 논의하게 된다. 그리고 합의에 도달하면 거래는 자연스럽게 종료된다.

- 적대적 인수는 매수자가 상대 회사에 인수제안을 할 때 상대 회사의 경영진이 매수자의 제안에 응하지 않을 경우 발생할 수 있다. 이때 매수자가 의사를 철회하면 아무 일도 일어나지 않는다. 그러나 매수자가 강제적으로 상대 회사를 인수하길 원한다면 딜은 태도는 적대적이 된다. 매수자는 주식시장에서 '공개매수$^{Tender\ offer}$'를 통해 지분율을 늘리거나, '위임장 대결$^{proxy\ fight}$'을 통해 매수 측 의사에 기꺼이 동의하는 다른 주주들의 위임을 받아 힘을 행사하게 된다. 이 전략이 성공하면 매수회사는 대상회사의 기존 이사회를 교체한 다음 그들의 전략을 따라 대상기업을 경영할 수 있다. 적대적 인수는 타깃기업이 상장사이고, 지분이 많이 분산되어 있을 때 유리하다. 비상장기업인 경우 다른 주주로부터 주식을 사들이는 것이 쉽지 않기 때문이다.

마블 딜 vs 알렉시온 딜

디즈니와 마블의 합병은 우호적이었다. 이 딜은 디즈니의 M&A 전략에서 시작되었다. 고객층 강화를 위해 캐릭터 포트폴리오의 다변화가 필요했던 디즈니에게 마블은 가장 적합한 타깃이었다. 디즈니가 마블에게 접근해 CEO들의 만남이 시작되었고, 협의가 발전해 합병까지 도달했다. 만약 디즈니가 처음 접근했을 때 마블 경영진이 반대했더라면 얘기는 달라졌을 수도 있다. 디즈니의 인수의지가 확고했다면 주식시장에서 공개매수로 마블 주식을 사들이고 부족한 부분은 위임장 대결을 시도했을 수도 있었기 때문이다. 그러나 이 딜에서는 두 회사의 태도가 지극히 우호적이었던 것으로 보인다.

아스트라제네카의 알렉시온 인수도 우호적이었다. 알렉시온 인수를 위해 아스트라제네카는 나스닥시장에서 공개매수나 위임장 대결을 한 적이 없다. 딜의 배경을 서술한 금융정보나 기사가 확인되지 않았지만, 두 회사가 상장사이면서 합병 발표 전까지 본 거래를 비밀리에 논의했다는 사실을 비추어 보면 이 딜은 당연히 우호적이었을 수밖에 없다.

● 가치사슬

가치사슬이란 회사가 제품을 만들기 위해 원자재를 조달해 시장에 판매하기까지 거쳐야 하는 전반적인 프로세스를 말한다. 대상기업이 인수기업의 가치사슬에서 어느 위치에 있느냐에 따라 인수합병 유형을 수평적 거래, 수직적 거래, 그리고 복합적 거래로 구분할 수 있다.

- 수평적 거래란 인수회사가 인수회사와 동일한 업종에서 같거나 유사한 제품을 생산하는 회사를 인수하는 것을 말한다. 수평적 거래에서 대상회사는 인수자의 경쟁자였을 수도 있다. 이런 경우 두 회사의 합병으로 생산설비가 통합되거나, 규모의 경제가 이루어지거나, 시장점유율이 높아져 합병시너지가 발생할 수 있다. 통합의 관점에서 보면 수평적 거래는 대상기업을 자회사로 두지 않고 흡수할 가능성이 높다. 대상회사의 사업이 동일하거나 유사해 통합으로 중복되는 부서나 업무를 줄여 비용을 절감할 수 있기 때문이다.
- 수직적 거래는 인수회사가 제품을 만드는 과정에서 전공정^{upstream}이나 후공정^{downstream}의 가치사슬에 위치한 대상기업을 인수하는 거래이다. 외부업체에 공정을 맡기는 대신 자체적으로 그 기능을 흡수하기 위한 것이다. 기업의 규모가 일정 수준 이상이 되면 자체적

으로 해당 공정을 갖는 것이 비용 절감이 되는 경우가 있다. 제품의 원료로 사용되는 회사를 인수하거나, 외부 채널을 통해 판매하는 대신 자체적인 판매채널을 확보하기 위해 관련회사를 인수하는 것이 그 예가 될 수 있다.

• 복합적 거래란 인수회사가 인수회사의 사업과 완전히 다른 사업을 인수하는 것이다. 이 거래의 목적은 사업 포트폴리오 다각화나 새로운 시장으로의 진출, 또는 신기술을 확보하기 위함이다. 이때 인수회사는 대상회사를 합병시키지 않고 자회사 형태로 유지할 가능성이 높다. 대상기업이 전혀 다른 비즈니스, 다른 조직, 다른 문화를 가져 인수회사와 통합하는 것이 비효율적일 수 있기 때문이다.

마블 딜 *vs* 알렉시온 딜

디즈니의 마블은 같은 엔터테인먼트 사업을 영위한다는 점에서 수평적 위치에 있지만, 면밀하게 들여다보면 다른 층의 팬덤을 타깃으로 한다는 점에서 복합적인 위치에 있다. 실제로 디즈니는 마블이 사업적 측면에서 의존도가 높지만 문화적 측면에서 독립성이 강하다고 판단해 업무는 통합하고 조직은 별개로 두는 합병 형태를 선택했다. 마블의 문화가 디즈니 문화와 다르다는 것을 반영한 것이다. 따라서 두 회사는 수평적 합병과 복합적 합병의 미묘한 경계선에 존재한다고 판단할 수 있다.

아스트라제네카와 알레시온의 가치사슬도 이와 비슷하다. 알렉시온은 아스트라제네카와 같이 바이오회사이지만, 아스트라제네카에는 없는 희귀질환 약품을 전문으로 취급한다. 애초부터 아스트라제네카 CEO 파스칼은 당국 허가가 완료되면 두 회사가 합병할 계획이라고 했다. 현재 당국 승인이 났지만, 아직 합병이 완료된 상황은 아니다. 그러나 두 회사 간 가치사슬을 비교해 볼 때 디즈니와 마블의 합병과 같이 두 회사가 사업으로는 통합하고, 조직은 독립적으로 유지할 가능성이 높다. 본부가 서로 다른 나라에 있을 뿐 아니라 제품의 속성이 전혀 다르기 때문이다. 두 회사의 합병도 수평적 합병과 복합적 합병의 두 가지 범주에 속한다고 볼 수 있다.

• 마케팅 전략

마케팅 전략은 매도회사가 어떤 방식으로 잠재적인 매수자를 모집하는지에 따라 구분할 수 있는 방법이다. 크게 공개매각, 선택적 공개, 그리고 개별교섭 세 가지로 구분할 수 있다.

- 공개매각은 매도자가 불특정 다수의 잠재적 매수자에게 매각사실을 공개한 다음 후보자들로부터 입찰가격을 받는 방식의 매각형태이다. 그다음 가장 높은 인수가격을 제시한 입찰자를 우선협상자로 지정해 양해각서^{MOU}를 체결하고, 데이터룸$^{data room}$을 공개해 실사를 진행한다. 매각회사가 상장사이거나, 법정관리나 워크아웃 상태로 전환했거나, 보다 높은 가격으로 매각하기를 희망할 경우 공개매각을 선택하는 경우가 많다. 하지만 공개매각을 진행했다가 흥행에 실패하거나 협상이 결렬되면 매각가치가 떨어질 수도 있다는 것이 단점이다.
- 선택적 공개란 매도자가 거래에 관심을 가질 만한 몇몇의 특정 후보자와만 교섭하는 마케팅 방식이다. 불특정 다수에게 매각사실을 알리지 않고 소수의 후보자에게만 마케팅을 집중해 거래 가능성을

높이면서 가격경쟁력을 올리기 위한 전략이다.

- 개별교섭은 매도자와 매수자 간 비밀리에 거래를 협상하는 방식이다. 매각회사는 보안을 위해 은밀하게 잠재적 후보자에게 접근한다. 또는 인수회사가 먼저 관심 갖는 기업에 연락해 비밀리에 인수에 대한 협상을 시도할 수도 있다. 이 방법을 선택하는 이유는 딜을 발표하기 전까지 언론매체에 노출을 꺼리거나, 직원, 고객 및 기타 비즈니스 파트너가 소문으로 동요되는 것을 원치 않기 때문이다. 다만 공개매각과 비교할 경우 다수의 후보자가 경쟁적으로 입찰하지 않아 보다 높은 가격에 매각하지 못할 가능성이 있다.

마블 딜 vs 알렉시온 딜

마블 딜과 알렉시온 딜은 모두 개별교섭에 의한 거래이다. 로이터뉴스에 의하면 디즈니의 CEO가 먼저 마블 CEO에 연락해 협의가 진전되어 합병에 이르렀다고 언급했다. 매수자가 먼저 타깃기업에 접근한 경우이다. 알렉시온 딜 역시 아스트라제네카가 먼저 알렉시온에 연락한 것으로 보인다. 두 회사가 어떻게 합병하기로 결정했는지 그 과정이 언급되지는 않았다. 그러나 과거 아스트라제네카가 다른 제약사들을 인수해 제품 포트폴리오를 다각화한 역사를 감안하면 아스트라제네카가 은밀하게 알렉시온에 접근해 거래를 제안했을 가능성이 높다.

• 인바운드와 아웃바운드

인수회사가 국내에서 확장하기 원할 경우 타깃기업을 국내에서 찾으면 된다. 그러나 해외로의 진출을 원한다면 해외에 있는 기업을 인수해 그 영역을 넓힐 수 있다. 딜의 영역을 국내로 한정할지, 아니면 해외까지 넓힐지에 따라 M&A를 인바운드 딜 또는 아웃바운드 딜로 나눠 볼 수 있다.

- 인바운드inbound 딜은 국내에서 비즈니스 역량을 더 강화하기 위해 국내에 소재한 기업을 인수하는 유형이다.
- 아웃바운드outbound 딜은 해외에 소재한 기업을 인수하는 M&A 유형이다. 국내에서 찾기 어려운 기술력을 확보하길 원하거나, 해외로의 사업확장을 원할 경우 아웃바운드 딜을 시도할 수 있다.

마블 딜 vs 알렉시온 딜

마블 딜은 인바운드 딜이다. 미국기업이 미국기업을 인수한 사례이다. 지역별로 보면 미국은 M&A 시장에서 가장 큰 시장으로서 전체 M&A 시장의 50% 이상을 차지하고 있다. 많은 섹터에서 세계적인 경쟁력을 갖고 있다. 엔터테인먼트도 마찬가지다. 디즈니의 경우 지역 확장이 아닌 캐릭터 확장을 통한 고객층 강화가 M&A의 목적이었으며, 두 회사 모두 글로벌기업이라는 점에서 이미 아웃바운드 딜의 요소까지 갖추고 있는 셈이다.

아스트라제네카과 알렉시온 합병은 명백한 크로스보더cross-border 합병이다. 아스트라제네카는 영국기업이며, 알렉시온은 미국기업이다. 아스트라제네카 CEO는 이번 아웃바웃드 딜을 통해 아스트라제네카가 미국의 암cancer 치료 시장에서 더 많은 매출을 기대할 수 있고, 알렉시온 역시 아스트라제네카의 인프라를 활용해 다른 국가에서 더 많은 시너지를 창출할 수 있을 것이라고 언급했다. 알렉시온 인수를 통해 사업의 영역을 넓힐 뿐 아니라 시장의 영역을 더 넓히려는 계획을 가진 것이다.

• 인수대금 지불수단

인수회사가 대상기업의 주식이나 자산을 취득하기 위해 지급하는 지불수단으로 M&A를 구별할 수도 있다. 크게 네 가지 방법으로 현금, 주식교환, 앞의 두 방법의 혼합, 그리고 LBO가 있다.

- 인수회사는 대상기업의 주식을 인수할 때 주주에게 현금을 지불한다. 대개 매도자가 주식을 매각한 다음 해당 거래에서 완전히 벗어나길 원하는 경우 주식교환보다는 현금을 선호한다. 인수회사가 대상기업으로부터 자산을 인수할 때에도 현금이 동원된다. 주식인수와의 차이점은 인수회사가 대상기업의 주식을 인수할 때에는 대상기업의 주주에게 현금을 지급하지만, 인수회사가 대상기업의 자산을 인수할 때에는 대상기업 자체에게 현금을 지급하고 자산을 인수한다.

- 인수회사는 대상기업 주주가 원할 경우 대가로 인수회사의 주식을 발행해서 지급할 수도 있다. 인수회사 입장에서 현금지출을 줄인다는 장점을 갖지만, 기존 주주들의 지분율이 희석된다는 단점도 있다. 그러나 전체적으로 보면 인수회사의 사업이 확장되는 것이므로 가치 측면에서는 이론적으로 같다. 한편 현금과 주식을 혼합해서 인수대금을 지불하는 경우도 많다. 일부는 현금, 나머지는 인수회사의 주식을 교부하는 것이다. 대상회사의 주주와 지속적 관계를 유지하기 원하고, 지출되는 현금을 줄이기 원할 경우 이 방법을 선택할 수 있다.

- 인수자가 대상기업의 자산과 수익을 담보나 상환재원으로 활용해 차입금을 조달하고 이것으로 인수대금을 지불하는 방식을 차입매수^{LBO}라고 한다. LBO는 엄밀하게 보면 지불수단이라기보다는 인수자의 자금조달 방식에 가깝다. 그러나 LBO 방식으로 인수할 경우 매도자는 주식대금으로 현금을 받지만, 대상기업 자산이 인수회사 차입금의 담보로 설정되고 대상기업의 현금흐름이 그 차입금의 원리금 상환에 사용된다는 점에서 인수대금의 지급 방법으로도 볼 수도 있다. LBO는 사모펀드가 바이아웃에서 즐겨 사용하는 수단이다. 글로벌 M&A거래량에서도 상당한 비중을 차지하고 있다. LBO에 대해서는 뒤에서 매우 자세하게 배우게 될 것이다.

마블 딜 *vs* 알렉시온 딜

마블 딜과 알렉시온 딜은 모두 현금과 주식교환이 혼합된 지불방식을 사용했다. 디즈니는 마블 주주에게 주식 한 주당 현금 30달러와 디즈니 주식 0.745주를 지불했다. 알렉시온 주주들은 주당 현금 60달러와 약 115달러 상당의 아스트라제네카 주식을 받았다. 이런 경우 대상기업의 주주들은 인수회사와 이해관계가 같아지기 때문에 두 회사의 통합이 신속하게 이뤄져 높은 시너지 효과를 창출하기를 기대하게 된다. 만약 대상기업의 경영진이 주주이며 딜이 클로징된 이후에도 대상기업에 남는다면 이해 방향이 같기 때문에 인수인계에 전념을 다하고 지속적인 관심을 쏟을 수 있다.

3. 논리적인 M&A 전략이란? - 디즈니의 M&A 전략

디즈니는 아이언맨, 헐크, 토르를 미키마우스와 백설공주와 같은 사랑스러운 캐릭터 명단에 추가하게 될 것입니다. 그리고 이 캐릭터들을 영화에서 먼저 선보인 다음 테마파크, TV 프로그램 등의 부가사업에 적용하게 될 것입니다.

출처: Disney to acquire Marvel in $4 billion deal, 로이터뉴스, 2009. 8. 31.

M&A거래를 통해 시너지를 창출하려면 강력하고 논리적인 M&A 전략을 구축하는 것이 매우 중요하다. 논리적인 M&A 전략은 기업 인수가 필요한 이유와 타깃으로 고려하는 회사의 유형을 정의하는 것이다. 그와 함께 동원할 수 있는 자기자본과 인수금융을 고려해 딜의 규모를 고려해야 한다. 기업이 M&A에 실패하는 이유 중 하나가 인수기업에 맞지 않는 기업을 인수하기 때문이다. M&A 전략이 치밀하지 않으면 부적합한 대상을 인수해 도리어 기존 비즈니스에 치명적인 위험을 초래할 수 있다. 우리 회사에 맞는 M&A 전략을 기획하는 것이 성공적인 M&A거래의 첫 단추가 된다. M&A 전략은 먼저 구조조정 측면에서 수립한 다음 하부적인 전략들로 세분화할 수 있다. 구조조정 전략이란 핵심사업의 집중이냐, 아니면 신사업 진출이냐의 문제를 말한다.

● **구조조정 전략**

구조조정은 회사의 비즈니스 구조를 재구성하는 것이다. 업계 리더가

되기 위해 핵심사업을 보강할 것인지, 아니면 방향을 바꿔 신사업에 진출할 것인지를 선택하는 것이다. 전자를 위해 회사는 경쟁사나 유사한 속성을 가진 회사를 인수해야 한다. 이것을 스케일 딜scale deals이라고 부른다. 후자는 기존 사업과 다른 속성을 가진 사업을 인수함으로 사업 포트폴리오를 다양화하는 것이다. 이것을 스코프 딜scope deals이라고 한다. 스코프 딜의 경우 필연 회사가 자의적으로 선택하는 것뿐만 아니라 사업환경이 변해서 선택해야 하는 경우도 발생한다. 신기술이 등장하거나 소비자의 선호도가 바뀌면 회사의 기존 사업이나 기술이 사양화되기 때문에 필연적으로 스코프 전략을 기획해야 한다.

그림2-4: 스케일 딜과 스코프 딜의 구분

스케일 딜

스케일 딜의 목표는 핵심사업의 강화이다. 인수회사는 동일 산업 내에서 사업이 같거나 유사한 회사를 인수해 시장점유율을 높이거나 규모의 경제를 이룰 수 있다. 따라서 스케일 딜을 수행하려면 경쟁사를 인수해야 하는 경우가 있다. 이를 통해 인수회사는 시장에서 가격결정자price maker로서의 위치를 차지하거나, 다른 경쟁자와의 매출 격차를 줄여 시장에서 계속 존속해 갈 수 있다. 스케일 딜의 경우 인수회사는 대상회사의 비즈니스를 매우 잘 알고 있기 때문에 스코프 딜에 비해 M&A 성공률이 높다. 또한 통합 측면에서 볼 때 대상회사를 자회사로 두기보다 흡수합병함으로 한 회사로서 존속할 가능성이 높다.

스코프 딜

스코프 딜의 목표는 사업 포트폴리오의 다변화이다. 인수회사는 인수회사와 다른 산업에 있는 회사를 인수함으로 사업 리스크를 분산시켜 회사의 지속적 성장을 추구할 수 있다. 기업은 초과현금이 풍부할 때, 기존 비즈니스가 쇠퇴기로 접어들 때, 소수의 사업에 크게 의존할 때, 또는 매력적인 인수대상 기업이 등장할 때 스코프 전략을 시도할 수 있다. 스코프 전략은 인수회사와 다른 사업을 가진 회사를 인수하는 것이므로 스케일 전략에 비해 실사와 PMI가 어려울 수 있다. 이런 경우 외부전문가를 영입해 이질적인 사업을 잘 이해하고 그에 맞는 전략을 수립함으로 M&A 성공률을 높여야 한다. 통합 측면에서 볼 때 인수회사는 대상회사와 합병을 하기보다 자회사의 형태로 유지할 가능성이 높다. 사업의 존도가 낮고 문화가 다르기 때문에 물리적·화학적 결합이 어렵기 때문이다.

스케일 딜의 효과

스케일 딜은 수평적 합병horizontal merger의 유형이다. 인수회사의 경쟁적 위치에 있는 대상기업을 인수하기 때문이다. 우리 회사의 경쟁회사를 인수할 때, 즉 수평적 위치에 있는 기업을 인수함에 따라 다음과 같은 효과를 기대할 수 있다.

- 새로운 시장 진출로의 시간 절약

스케일 전략을 통해 인수회사는 신제품 개발과 판매를 위해 소요되는 많은 시간을 아낄 수 있다. 대상기업이 인수회사 제품 포트폴리오와 다른 라인의 제품군을 보유한 경우 이 효과는 더욱 커진다. 신제품을 개발하려면 오랜 연구개발과 함께 생산을 위한 공장과 설비 건축, 신제품의 마케팅, 필요한 경우 별도의 유통채널까지 확보해야 한다. 어떤 사업의 경우 정부 당국은 일정 수준의 사항을 충족하도록 요구한다. 또한 특정 사업을 수행하기 위해 관련된 라이선스를 취득해야 하는 경우도 있다. 스케일 전략은 이 모든 것에 소요되는 시간과 노력을 일시적으로 단축시켜 주는 효과가 있다.

- 규모의 경제 효과

스케일 전략에서 인수회사는 기존 생산설비에 대상기업의 생산설비를 더함으로 생산능력을 증강할 수 있다. 또한 원재료 구매에서도 교섭력이 높아져 더 낮은 가격에 매입할 수도 있다. 이에 따라 제품당 생산원가가 절감되어 규모의 경제 효과$^{\text{economy of scale}}$를 얻게 된다. 규모의 경제를 확보할 경우 경쟁사보다 낮은 가격에 제품을 판매함으로 경쟁력을 확보할 수 있고, 같은 가격에 팔아도 더 높은 마진율을 얻을 수 있다.

- 시장점유율 확대

인수회사는 기존 고객에 대상기업 고객을 더함으로 시장점유율을 높일 수 있다. 만약 일정 수준 이상의 시장점유율을 초과하거나 독과점 형태를 이루면 더 이상 가격수용자$^{\text{price-taker}}$가 아닌 가격결정자

^{price-maker}로까지 군림할 수도 있다. 그러면 매출액뿐 아니라 이익률이 상승해 외형성장과 실적개선을 모두 이룰 수 있다.

● 기타 전략

세계화 전략

비즈니스 성장을 위해 해외로 사업을 확장^{globalisation}하는 것은 꽤 큰 결심을 요구하지만, 이것이 성공하면 매우 큰 매출 신장을 이룰 수 있다. 더 넓은 지역에서 고객군을 다변화할 수 있기 때문이다. 다른 나라에서 사업을 확장할 수 있는 방법에는 두 가지가 있다.

첫 번째는 자체적으로 시작하는 그린필드^{green field} 접근법이다. 희망하는 국가에 신규법인을 설립하고, 인력을 파견하고, 제품을 생산해 고객에게 접근하는 것이다. 이 방법은 성공만 하면 적은 자본으로 큰 수익을 낼 수 있다는 장점이 있지만, 성공하기까지 넘어서야 할 것들이 많고, 시간이 꽤 오래 걸리기 때문에 어려운 전략이 될 수 있다. 로컬시장은 자국의 시장과 어떻게 다른지, 로컬소비자가 선호하는 것이 무엇인지, 그리고 해당 정부당국의 규정은 어떻게 되는지 알아가기 위해 많은 것을 겪어야 하기 때문이다.

두 번째는 이미 브랜드를 형성하고 고객군을 가진 로컬사업을 인수하는 전략이다. 이것을 브라운필드^{brown field} 방식이라고도 한다. 이미 희망하는 국가에서 제품을 생산하고 있고, 일정한 시장점유율을 가진 기업을 인수함으로 빠르게 시장진입을 할 수 있다. 다만 원하는 기업을 찾는 것이 어렵고, 발견했을 경우 높은 프리미엄을 지불할 수 있다는 것이 단점이 된다. 또한 국내기업과 다른 환경을 가져 차별화된 실사를 실행해야 하고, 통합의 방식에도 매우 신중해야 하는 것이 인수기업으로서 넘어서야 할 난관이 된다.

강력한 연구개발$^{R&D}$ 인수

어떤 사업의 경우 하나의 제품이나 서비스를 개발하고 상용화하기 위해 너무 많은 시간과 노력이 필요할 수 있다. 바이오 사업이나 고도의 기술을 요구하는 소프트웨어 사업이 대표적인 사례이다. 이런 경우 그린필드 방식ㅈ 으로 자체팀을 꾸려 최초 연구부터 시작하는 것은 비효율적일 수 있다. 너무 오랜 시간이 걸릴 뿐 아니라 중도에서 연구를 실패하거나 수정할 경우 더 많은 시간과 비용을 지출할 수 있기 때문이다. 이런 경우 프리미엄을 지불하고 다른 전문가들이 이미 개발한 연구개발$^{R&D}$을 취득하는 것이 많은 시간을 단축하게 만든다. 뿐만 아니라 인수회사의 인프라가 이미 잘 구축되어 있는 경우 투자효과를 배가할 수 있기 때문에 그린필드 방식보다 더 큰 투자수익률을 얻을 수도 있다.

● 디즈니의 M&A 전략 수립

마블을 인수하기 전에도 디즈니의 M&A 행보는 진행 중이었다. 캐릭터의 포트폴리오를 보강하기 위해 2006년 1월 스티브 잡스$^{Steve Jobs}$가 보유한 경영권을 취득하면서 픽사^{Pixar}를 인수했다. 그럼에도 불구하고 디즈니가 채울 수 없는 부분이 있었다. 바로 남성 청소년 팬덤이었다. 이는 그들을 사로잡을 만한 캐릭터가 부재했기 때문이다.

(참조: WikiPedia)

디즈니는 글로벌기업이다. 따라서 해외사업 확장을 위해 굳이 다른 국가의 로컬기업을 인수할 필요는 없다. 또한 엔터테인먼트 사업은 사양사업이 아니다. 여전히 건재할 뿐 아니라 오히려 성장 중인 사업이다. 통신장비가 발달해 굳이 극장에 가지 않아도 손안에서 영화를 볼 수 있고, 무선사업까지 발달하면서 시간이 갈수록 더 빠른 속도로 데이터를 전송하고 있다. 그렇다면 디즈니는 핵심사업을 강화할 전략이 필요하다. 즉 스케일 전략을 구사해야 한다.

스케일 전략 중에서도 디즈니에게 필요했던 것은 팬덤층의 보강이었다. 팬덤층에서도 청소년과 성인의 남성 팬덤의 보강이 매우 절실했다. 디즈니의 핵심사업을 비춰볼 때 선택할 수 있는 전략은 캐릭터의 보강이다. 이를 위해 이미 팬덤을 두텁게 갖춘 캐릭터를 보유한 엔터테인먼트 사업을 인수하는 것이 가장 좋은 전략이 될 수 있다. 마블은 이 전략에 부합되는 가장 좋은 타깃이 된다. 꾸준한 M&A로 캐릭터 영역을 넓히며 다양한 팬덤을 흡수하던 디즈니는 결국 2009년 40억 달러를 들여 마블을 인수했다.

● 아스트라제네카의 M&A 전략 수립

아스트라제네카는 영국에 소재한 초대형 바이오기업이다. 하지만 그 사업을 자세히 들여다보면 종양학에 많은 수익 비중을 두고 있다는 것을 알게 된다. 지속적인 매출 신장을 위해 영역을 다각화하지 않으면 장기적으로 기업의 성장은 둔화될 수 있다. 한편 바이오 시장은 앞으로 장기간 세계적으로 성장할 것으로 기대되는 분야이다. 세계 인구가 증가 중에 있고, 인구의 노령화가 진행 중이며, 무엇보다 2020년 초부터 시작된 팬데믹의 영향은 바이오 산업의 중요성을 더욱 크게 부각시켰다. 따라서 아스트라제네카는 굳이 바이오 사업을 넘어서는 스코프 전략을 선택할 필요가 없다. 종양학, CVRM, 호흡기와 면역학 외에 다른 바이오 영역으로 그 포트폴리오를 다변화시키는 것이 최적의 전략 중 하나가 된다. 그렇다고 해서 아스트라제네카가 그린필드 방식을 선택해 다른 제약에 대한 연구개발을 새롭게 시작한다면 그 제품이 상용화되기까지 매우 오랜 시간이 걸리거나 실패할 가능성도 있다. 이미 검증된 결과를 가진 회사를 인수하는 것이 더욱 효과적이다. 결국 아스트라제네카는 희귀질환에 전문성을 가진 미국의 알렉시온을 인수했다. 이것으로 아스트라제네카는 기존의 세 개의 전문분야를 네 개로 넓히게 되었다. 더욱이 미국기업을 인수함으로 미국 시장에 아스트라제네카의 이름을 더욱 부각시킬 수 있어 기존 제품들의 마케팅에도 효과적일 수 있다. 아스트라제네카의 알렉시온 인수는 스케일 전략이자 세계화 전략, 그리고 연구개발 인수 전략이 혼합된 M&A거래로 볼 수 있다.

4. 사업구조도를 활용한 디즈니의 M&A 전략

사업구조도는 우리 회사를 여러 측면에서 볼 수 있도록 도와 적합한 M&A 전략을 수립하는 데 도움을 준다. 사업구조도를 그리는 방법은 어렵지 않다. 먼저 핵심사업을 제일 가운데 배치한다. 그리고 핵심사업을 중심으로 그 사업을 구성하는 요소들을 거미줄처럼 배열한다. 그림2-5의 경우 핵심사업의 구성요소를 6가지로 본 경우이다. 제품의 가치사슬, 세계화, 유통채널, 고객 세그먼트, 제품의 분류, 그리고 신사업이다. 어떤 측면에서 접근하는가에 따라 사업의 구성요소를 추가하거나 조정할 수도 있다. 그런 다음 각 요소의 하부적인 요소들은 어떻게 구성되어 있는지 분석한 다음 상위 요소에 나열하는 것이다.

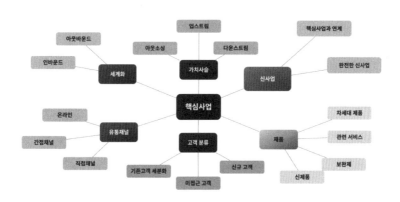

그림2-5: 사업구조도의 사례

• 사업구조도의 요소

그림2-5의 사업구조도의 각 요소를 살펴보도록 하자. 첫 번째 요소는

가치사슬이다. 가치사슬은 제품이나 서비스를 생산하기 위한 원재료의 구입부터 생산, 마케팅, 유통까지 필요한 모든 과정의 흐름을 순서대로 나열하는 것이다. 우리 회사의 핵심사업이 스마트폰 제조라고 가정해 보자. 이 경우 스마트폰에서 가장 중요한 소프트웨어 형태의 운영시스템이 필요하다. 그리고 그 소프트웨어를 구현할 수 있는 하드웨어가 필요하다. 하드웨어에는 카메라 모듈, 터치패드 필름, CPU, 메모리 칩, 배터리와 같은 부품들이 있다. 이 두 가지는 스마트폰 제조회사 시각에서 볼 때 상위^{upstream} 사슬에 해당된다. 그다음 마케팅을 진행하고, 온라인 채널에서 직접 판매하거나, 다른 통신사들을 통해 판매하게 될 것이다. 이것들은 하위^{downstream} 업무가 될 수 있다. 제품을 생산하기까지 필요한 작업들은 상위작업으로, 제품으로 만든 다음 판매하기까지는 하위작업으로 구분할 수 있다. 본 예제의 스마트폰 제조사가 생산량이 증가하면서 아웃소싱으로 CPU를 공급받는 것보다 자체적으로 CPU를 대량생산하는 것이 장기적으로 원가를 절감할 수 있다고 판단했다고 하자. 이 경우 CPU 제조회사를 인수합병해 제조원가를 낮출 수 있다. 한편 상위 사슬에 존재하는 사업을 인수했으므로 이 거래는 수직적 거래의 형태로 분류할 수 있다.

두 번째 요소는 세계화이다. 우리 회사 제품의 판매를 국내에서 확장할 것인지, 아니면 다른 나라로 진출할 것인지에 관한 문제이다. 해외에서 제품을 판매하려면 현지의 로컬기업을 인수하는 것이 좋은 전략이 될 수 있다. 아웃바운드 딜은 우리 회사가 진출하고자 하는 국가의 정부당국이 요구하는 규정이나 법률에 이미 부합된 제품생산을 가능하게 한다. 또한 선호도가 다른 고객들에게 이미 인지도가 쌓여 별도의 마케팅 전략을 세우지 않아도 제품을 판매할 수 있어 새로운 시장에 보다 쉽게 진입할 수 있게 한다.

세 번째 요소는 핵심사업을 둘러싼 유통채널의 환경을 분석하는 것이다. 우리 회사의 제품을 온라인으로 판매하는지, 중간 도매상과 같은 간접채널을 통해 판매하는지, 아니면 우리가 보유하고 있는 대리점이나 영업팀, 플랫폼을 통해 직접 판매하고 있는지 분석하는 것이다. 우리 회사 제품이 오프라인 매출이 높지만, 온라인 부문에서 미진하다면 온라인판매 플랫폼을 인수하는 것이 M&A 전략이 될 수 있다. 간접채널을 통해 판매하는 경우 최종 소비자가격에서 너무 많은 비중을 유통비용으로 지불하고 있다면 대리점이나 플랫폼을 가진 회사를 인수해 직접채널을 보유할 수도 있다.

네 번째 요소는 고객 세그먼트로 우리 회사 제품을 구매하는 고객을 유형별로 자세히 분류하는 것이다. 예를 들어 스마트폰 제조사의 경우 소비자 유형을 플래그십을 선호하는 소비자, 중간 가격대에서 퀄리티와 가격을 모두 고려하는 소비자, 그리고 저가의 실속형을 선호하는 소비자, 이렇게 세 그룹으로 분류했다고 하자. 그리고 이 회사는 중저가의 스마트폰을 생산하고 있고, 중장기적으로 고가의 제품을 선호하는 소비자를 유치할 계획을 세웠다고 하자. 이 경우 자체의 브랜드로 고가의 스마트폰을 제조하는 것보다 이미 시장에서 고가로 알려진 스마트폰 제조사를 인수한 다음 해당 브랜드를 유지함으로 하이엔드$^{high\ end}$ 소비자를 확보하는 것이 좋은 전략이 될 수 있다.

다섯 번째 요소는 우리 회사의 제품을 그룹별로 분류하는 것이다. 이때 어떤 회사가 우리가 차세대 제품으로 여기는 제품을 이미 생산·판매하고 있다고 가정하자. 그렇다면 우리 회사는 그 회사를 인수해 우리 회사의 제품 포트폴리오를 다양화할 수 있다. 본 전략은 특히 성숙기업에 중요한 M&A 전략이 된다. 우리 회사가 보유한 제품의 유행이 다하거나 우리 회사의 기술로 차세대 제품을 생산하기 어려운 경우 해당 제품을 생산하는 기업을 인수함으로 기업의 존속성을 연장하면서 매출 성장률을 증대할 수 있기 때문이다.

지금까지 설명한 다섯 가지 요소를 바탕으로 진행하는 M&A거래는 스케일 전략에 해당된다. 기존의 핵심사업을 구성하는 요소들을 보강하는 M&A 전략이기 때문이다. 마지막 여섯 번째 요소는 기존의 사업과 다른 신사업에 진출해 우리 회사의 사업을 다각화하는 스코프 전략이다. 대상 비즈니스는 우리의 기존 사업과 완전히 다르거나 대체할 수 있는 사업이 된다. 신사업을 인수하는 목적은 사업을 다각화해 소수 사업에 집중하는 리스크를 줄이기 위함이다. 아니면 우리의 핵심사업이 정체되거나 사양화될 경우 새로운 성장동력을 준비함으로 경쟁시장에서 그 존속성을 유지하기 위함이다.

● 사업구조도를 활용한 디즈니의 M&A 전략 분석

그림2-6은 디즈니의 사업구조도이다. 디즈니의 핵심사업인 엔터테인먼트를 구성하는 요소를 간단하게 캐릭터, 사업, 고객, 이렇게 세 가지로 보았다. 디즈니 사업은 미디어 네트워크, 스트리밍 서비스, 공원과 체험, 그리고 스튜디오 엔터테인먼트이다. 디즈니는 케이블 방송을 미디어 네트워크를 강화할 수 있다. 혹은 다른 국가에 소재한 로컬 테마파크를 인수한 다음 리모델링을 통해 체험 및 테마파크를 보강할 수도 있다. 그러

나 지금까지의 M&A에서 유독 두각을 나타내는 영역은 필름 사업이다. 픽사, 마블, 루카스필름, 내셔널 지오그래픽은 모두 이 영역에 포함된다.

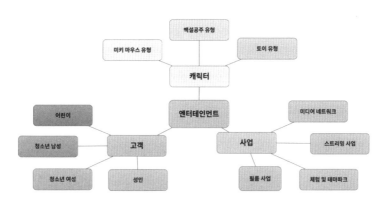

그림2-6: 디즈니의 사업구조도

디즈니는 또한 디즈니의 제품인 캐릭터를 성향별로 분류할 수 있고, 캐릭터와 연계된 고객군을 분류할 수 있다. 마블을 인수하기 전에는 주로 어린이가 좋아하는 미키 마우스의 유형, 청소년 중 여성이 좋아하는 공주 유형이 주류를 이루었다. 남성이 좋아할 만한 강렬하고 히어로적인 캐릭터가 다소 부족했다. 디즈니는 이러한 캐릭터를 추가한다면 남성 팬덤을 더욱 강화할 수 있을 것이라고 당연히 판단했을 것이다. 엔터테인먼트 산업에서 히어로적인 캐릭터를 보유한 회사는 크게 두 개로, 아이언맨 중심의 마블과 슈퍼맨 중심의 DC가 있다. 디즈니가 DC까지 접촉했는지 조사되지는 않았지만, 결론적으로 디즈니는 마블을 인수함으로 히어로적인 캐릭터를 보강할 수 있었고, 이로 인해 청소년의 남성뿐 아니라 성인 팬덤까지 섭렵할 수 있었다. 이후 2012년 스타워즈의 루카스필름까지 인수했지만, 마블과 같은 인수효과를 누리지는 못하는 것으로 보인다.

• 사업구조도를 활용한 아스트라제네카의 M&A 전략 분석

아스트라제네카의 사업구조도까지 살펴보자. 아스트라제네카의 경우도 핵심사업을 구성하는 요소를 간략하게 세 가지로 보았다: 제품, 신규 비즈니스 및 판매 영역. 아스트라제네카의 핵심사업은 종양학 분야에 중점을 둔 바이오제약이다.

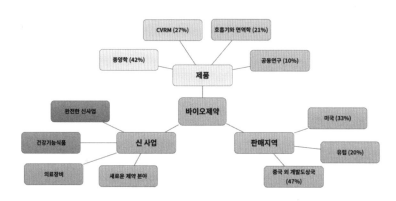

그림2-7: 아스트라제네카의 사업구조도

첫 번째 구성요소는 제품이다. 이 회사의 제품 영역은 종양학, CVRM, 호흡기와 면역학, 그리고 공동개발 등 네 개의 제품군으로 구성된다. 회사는 종약학 분야의 경쟁자 중 하나를 인수해 종약학을 더 강화하거나, 호흡기 분야의 경쟁사 중 하나를 인수해 종양학에 집중된 사업의 불균형을 좀 더 안정시킬 수도 있다.

두 번째로 지역별 매출 관점에서 분석할 수 있다. 회사의 경우 미국이 전체 매출에서 33%, 유럽이 20%를 차지하고 있다. 만약 유럽에서 매출을 더욱 늘리고 싶다면 유럽에 소재한 경쟁사 중 하나를 인수하면 된다. 그러나 아스트라제네카가 글로벌기업인 것처럼 대부분의 경쟁사 역시 해당 분야에서 글로벌기업이다. 따라서 유럽에 소재한 회사를 군이 인수해 로컬지역의 매출을 증대할 수 있을 것이고 장담하기는 어려울 수 있다.

　마지막으로 신사업을 인수합병하는 것이다. 먼저 같은 헬스케어 섹터이지만 바이오제약과는 전혀 다른 건강기능식품이나 헬스케어 의료장비의 기업을 인수해 헬스케어 전체 분야로 확장하는 것을 생각할 수 있다. 그러나 어쩌면 이것은 회사 입장에서 위험이 될 수도 있다. 앞으로 지속적으로 성장할 수 있는 핵심사업을 벗어나 다른 분야까지 손을 뻗치는 것은 투자자들에게 아스트라제네카의 집중력이 분산된다는 부정적인 인식을 줄 수도 있기 때문이다. 결론적으로 아스트라제네카는 희귀질환 분야의 전문약을 생산하는 알렉시온을 390억 달러에 인수했다. 이는 아스트라제네카의 바이오 사업을 강화하는 스케일 전략임과 동시에 기존 제품 분야와 다른 분야로 진출한다는 점에서 스코프 전략의 미묘한 경계까지 범접하는 거래이다.

매수 · 매각 절차:
디즈니의 마블 인수 절차 5단계

1. 성공률을 높이는 기업 매각 절차 - 마블의 지분 매각

CVC Capital은 경쟁 사모펀드회사인 Advent와 Carlyle을 제치고 Lipton과 Brooke Bond 브랜드를 소유한 유니레버^{Unilever}의 차^{Tea} 사업부를 45억 유로에 인수하기로 합의했습니다. 유니레버는 이번 주 경매절차를 거쳐 유럽의 바이아웃 그룹이 본 거래를 성사시켰다고 전했습니다. "현금과 부채가 없는 기준"으로 45억 유로에 매각되는 이 딜은 2022년 하반기에 완료될 것으로 예상됩니다. 이 딜은 세계 최대의 차 메이커인 본 사업부를 검토하고 분사하는 데 소요되는 2년을 포함하게 됩니다. 선진국의 소비자들이 차에서 커피, 허브티, 콤부차와 같은 음료로 전환함에 따라 본 사업은 지난 10년 동안 유니레버 성장에 걸림돌이 되었습니다.

참조: CVC agrees €4.5bn deal to buy Unilever's tea business, FT, 2021. 9. 19.

• 기업 매각 절차

기업 매각 절차는 공개매각이냐, 비공개매각이냐에 따라, 또는 매도자가 먼저 매각을 결정한 딜인지, 아니면 매수자가 먼저 접근하는 딜인지에 따라 달라질 수 있다. 여건에 따라 구체적인 절차와 소요기간은 달라질 수 있지만 그림3-1과 같이 일반적으로 네 단계로 구분할 수 있다.

그림3-1: 기업 매각 절차

1단계: 매각전략 수립

M&A 전략은 인수회사에게만 필요한 것이 아니다. 매각 성공률을 높이려면 매도자도 매각전략을 꼼꼼하게 기획해야 한다. 기초가 튼튼한 매각전략을 수립하기 위해 먼저 다음 두 가지의 가장 기본적인 질문에 대해 준비할 필요가 있다.

- 매각하는 이유가 무엇인가?
- 얼마에 매각하기를 희망하는가? (또는 기대하는가?)

매도자는 먼저 타당한 매각사유를 정의해야 한다. 투자자가 M&A에서 가장 중요하게 여기는 요소 중 하나가 매도자의 매각사유이다. 만약 매도자가 최초에 밝힌 매각사유와 투자자가 실사 중에 발견하는 실질적인 매각사유가 다를 경우 타깃기업에 대한 투자자의 신뢰는 흔들릴 수 있다. 한편 매각을 의도했다가 시장에서 소문만 내고 중도에 매각의사를 철회한다면 대내외적으로 여러 형태의 손실을 입을 수 있다. 매도자는 매각사유 정비와 함께 매각에 대한 의지도 확고한지 점검해야 한다.

매도자가 먼저 매각회사의 사전실사를 수행하는 것은 좋은 마케팅 전략이다. 사전실사를 통해 투자소개서(CIM: Confidential Information Memorandum)를 미리 준비함으로 매각회사의 기업가치를 스스로 가늠해 볼 수 있고, 추후 투자자가 매각회사를 파악하고 실사하는 시간을 단축시켜 주기 때문이다. 특히 소유주로서 매각회사의 기업가치를 객관적으로 평가하고, 이해하는 작업은 중요하다. 추후 투자자와의 협상테이블에서 매각가치를 논의하게 될 때 논리적이고 타당한 근거를 제시할 수 있기 때문이다. 철저한 매각전략 수립은 M&A 마케팅의 성공을 좌우한다.

2단계: 마케팅

1단계에서 미리 정해야 할 중요한 것 중 하나가 매각을 공개적으로 진행할지, 아니면 비밀리에 진행할지를 결정하는 것이다. 회사를 매각하는 이유 중 어떤 것들은 이미 공개매각을 선택할 수밖에 없는 경우도 존재한다. 예를 들어 워크아웃이나 법정관리에 들어선 기업을 채권단이 주체가 되어 대상기업을 매각하는 경우 공개매각을 선택하게 된다. 그러나 어떤 경우엔 매각사실에 대한 공개 여부를 선택할 수 있고, 그에 따라 세 가지 유형으로 나눠 볼 수 있다. 첫 번째는 공개public매각, 두 번째는 선택적^{selective} 공개, 세 번째는 개별^{private} 교섭이다. 공개매각은 불특정 다수에게 매각사실을 알린 후 잠재적 투자자들로부터 입찰을 받아 가장 높은 가격을 써낸 투자자에게 우선협상권을 부여하는 것이다. 선택적 공개는 딜에 관심을 가질 만한 소수의 잠재적 투자자에게만 투자설명서를 배포하고, 그들로부터 입찰을 받아 가장 높은 가격을 써낸 투자자에 우선협상권을 부여하고 실사권을 주는 것이다. 개별교섭은 매도자가 잠재적 투자자에 비밀리에 접근하거나, 또는 매수자가 먼저 타깃기업에 은밀하게 접근한 다음 최종 협상에 도달하기까지 매각사실에 대한 보안을 유지하는 것이다. 대개 비밀매각에서는 양자 간의 계약서가 날인되기 전까지 특정 관계자를 제외하고는 대부분의 임직원조차도 딜의 진행을 알지 못할 수도 있다. 주요 협의사항에 논의가 계약서 형태로 완료되면, 그제서야 회사는 딜에 대한 사실을 공표하게 된다.

3단계: 실사의 대응

매각회사 입장에서 실사단계는 우선협상자의 실사에 대응하는 것이다. 실사는 상업실사^{CDD}와 재무실사^{FDD}로 구분되며, 매도자는 각 실사에 따라 정보의 공개 수위를 조절해야 한다. 협의의 진척사항보다 너무 빠르게 많은 정보를 공개했다가 협상이 결렬되거나 매각에 실패할 경우 정보공개로 인해 큰 손실이 발생할 수 있기 때문이다. 두 회사가 상업실사와 재무실사를 구분한 다음 상업실사를 먼저 실행할 경우 일반적으로 잠재적 매수자는 매도자에게 투자의향서^{LOI}와 비밀유지확약서^{NDA}를 제출한다. 투자의향서는 매수에 대한 투자자의 진정성을 확인하기 위한 것이며, 비밀유지확약서는 매도자가 공개하는 정보가 투자 목적 이외에 사용되지 않도록 하기 위한 것이다. 상업실사의 목적은 인수회사가 대상기업의 사업이 인수회사의 M&A 전략에 부합되는 사업인지 확인하기 위함이다. 따라서 매도자는 그 목적에 상응하는 수준에서 공개할 정보를 결정해야 한다. 상업실사를 마친 후 잠재적 투자자가 대상기업을 인수하겠다는 내부 의사결정을 마치면 투자자는 최종실사인 재무실사를 수행한다. 본 단계에서는 자산과 부채를 포함한 재무적 측면과 법률적 측면, 그리고 인사 측면 등 회사의 많은 기밀자료를 포함해 공개해야 한다. 이러한 모든 정보를 공개한 후 협상이 결렬되면 매수자보다 매도자의 피해가 더 클 수 있으므로 매도자는 재무실사 전 체결하는 양해각서^{MOU}에서 만약의 경우를 대비해야 한다. 그중 하나가 계약금을 요구하는 것이다. 재무실사를 수행한 다음 매도자에게 귀책사유가 없음에도 불구하고 매수자가 매수의사를 철회하는 경우 이로 인해 발생된 피해를 본 계약금으로 보상받기 위함이다.

4단계: 협상 및 계약

최종실사가 마무리되면 매수자와 매도자는 마지막 협상을 위해 테이블에 마주 앉게 된다. 본 협상에서 최종 딜 가격을 중심으로 임직원 처우, 진행 중인 소송건이나 부외부채, 인수인계와 같은 주요 사항들을 논의하고 결정하게 된다. 모든 협의가 완료되면 양사는 매수·매각 조건과 딜의 공정성에 대해 이사회에 보고하는 절차를 갖는다. 모든 절차가 순조로울 경우 비로소 매도자와 매수자 간 주식매수계약^{SPA}을 체결함으로 딜을 마무리 짓는다. 특별한 인수인계 작업이 없다면 주주는 주식을 매각한 다음 회사를 떠나고, 다른 임직원들은 회사에 남아 인수회사와의 통합작업에 전념하게 된다.

● 마블의 기업 매각 절차

그림3-2: 마블의 매각 절차 예상

　마블의 기업 매각 절차는 위에서 정의한 일반적인 매각 절차에 비해 더 단순했을 것으로 예상된다. 남성 팬덤을 확보해야 한다는 디즈니의 내부 M&A 전략에 따라 디즈니 측에서 먼저 마블에 연락했을 가능성이 크기 때문이다. 이 경우 마블은 매각전략을 미리 수립할 필요가 없고, 다수에게 매각에 대한 마케팅 계획을 세울 필요가 없었다. 다만 디즈니로부터 좋은 가격제안offer을 받기 위해 디즈니의 니즈를 파악해 그에 상응하는 마케팅을 제공했을 필요가 있었다.

　실사에서는 상업실사와 재무실사가 별도로 실행됐을 가능성이 높다. 디즈니의 마블 인수 딜은 양사의 CEO 미팅에서 비롯되었기 때문이다. 이 경우 디즈니는 두 CEO가 미팅하는 동안 상업실사를 실행했을 가능성이 높다. 그리고 상업실사를 토대로 두 CEO가 최종협상에 이른 다음에 최종실사를 거쳐 합병계약서에 도달했을 것이다. 한편 디즈니는 마블의 인사실사를 심도 있게 진행하면서 주요 인력 파악에 매우 신중했을 것이다. 두 회사 모두 캐릭터 창출, 스토리 개발, 필름 제작과 같은 무형자산이 집약된 사업이기 때문이다. 비록 양사가 같은 엔터테인먼트 사업을 영위할지라도 두 조직이 보유한 문화적 차이가 다르므로 마블 조직에 독립성을 부여했을 가능성이 높다.

최종실사 후 양사는 마블 주식 한 주당 현금 30달러와 디즈니 주식 0.745주의 부여에 동의하고, 합병계약서에 날인하게 된다. 마블 CEO인 이삭^{Issac}은 본 계약을 통해 현금 총 8억 달러와 당시 주당 27달러인 디즈니 주식을 총 5.9억 달러 상당으로 지급받았다.

• 성공적 기업 매각을 위한 전략

기업 매각의 성공 여부는 두 단계로 구분할 수 있다. 첫 번째 단계는 기업 매각 자체에 성공하는 것이다. 매각을 진행하다가 실패하면 대내외적으로 큰 피해를 입을 수 있기 때문이다. 두 번째 단계는 높은 프리미엄을 받고 매각하는 것이다. 전략적 마케팅을 통해 잠재적인 투자자에게 어필이 잘 되고, 그들의 관심을 끝까지 유지하는 것이다. 이를 위한 요인을 세 가지로 볼 수 있다.

첫 번째는 철저한 매각 전략 수립이다. 기업 매각 절차를 예측해 타임라인과 타임라인에 따른 업무를 정의해야 한다. 여기에는 논리적 근거를 포함한 기업가치평가와 투자매력을 담은 투자설명서 준비가 포함된다. 그와 함께 재원이 있고 매수에 관심을 가질 만한 잠재적 투자자를 리스팅해야 한다. 잠재적 투자자는 많으면 많을수록 좋다. 산업 내 경쟁자가 M&A로 몸집을 키운다는 사실은 경쟁심을 유발시키며 이로 인해 경영권 프리미엄을 높일 수 있기 때문이다. 또한 우선협상자의 실사를 대비해 실사자료^{data-room}를 미리 준비하는 것이 좋다. 이는 매각 절차를 신속하게 한다.

두 번째 요인은 마케팅이다. M&A에서 마케팅이란 최대한 많은 투자자를 접촉해 그들에게 투자매력을 충분히 어필하는 것이다. 앞서 언급한 것처럼 잠재적 투자자는 많으면 많을수록 좋다. 한두 매수자에게만 의지하면 매수자의 교섭력이 강해져 좋은 가격에 매각하지 못할 수도 있다. 한편 우리와 협상하고 있는 투자자가 본 거래를 소화할 수 있는 충분한 재원과 의지가 있는지 살펴봐야 한다. 만약 우선협상자가 막바지에 재원 마련에 실패하거나 투자의사를 철회하면 매각기업이 얻는 손실은 매우 크기 때문이다. 이를 위해 잠재적 투자자의 대상을 국내뿐 아니라 해외까지 넓히는 것이 좋은 마케팅 전략이 될 수 있다.

마지막으로 매각 스케줄 관리를 잘 해야 한다. 매각 전략 수립에서 예측했던 타임라인은 길어질 확률이 매우 높다. 잠재적 투자자가 실사하는 중 양측이 예측하지 못한 위험이 발견되거나, 우선협상자의 내부 의사결정이 지체될 수 있기 때문이다. 매각 스케줄이 늘어지면 잠재적 매수자로 하여금 여러 생각을 하게 만들어 딜 프로세스에서 탈선할 여지를 줄 수 있다. 따라서 매도자는 매수자의 스케줄을 리드할 수 있어야 한다. 매각의 각 단계마다 타임라인을 정하고 잠재적 매수자가 그 타임라인을 준수하도록 유도해야 한다. 이 세 가지 요소를 잘 구비하고, 딜에 따른 특수한 요소들을 잘 인지하면서 대비하면 기업 매각의 성공 확률은 더욱 높아질 것이다.

2. 기업 인수 절차 5단계 - 디즈니의 마블 인수

영국의 슈퍼마켓 그룹인 Morrisons을 놓고 미국의 두 사모펀드 거의 사용되지 않았던 경매절차 방식으로 100억 달러의 인수전을 치를 것으로 보입니다. Morrisons는 지난 수요일에 사모펀드 회사인 CD&R과 Fortress Investment Group, 그리고 영국의 인수 규제기관과 함께 앞으로 치뤄질 경매에 관해 논의 중이라고 언급했습니다. Takeover Panel의 표준 경매구조는 5일에 걸쳐 입찰합니다. 그러나 모든 당사자가 동의하면 다른 구조를 채택할 수 있습니다. (예: 하루 입찰)

참조: $10 bln U.S. battle for Britain's Morrisons heads for auction, 로이터뉴스, 2021. 9. 8.

• 기업 인수 절차

기업 인수 절차는 매각 방식에 따라 달라질 수 있지만, 대개 통합 업무까지 포함해 다섯 단계로 구분할 수 있다. 일반적인 기업 인수 절차를 살펴본 다음 그 이론을 디즈니가 마블을 인수한 사례에 적용해 보도록 하자.

그림3-3: 기업 인수 절차

1단계: 기업 인수 전략 수립

M&A를 통해 사업이나 제품 포트폴리오를 다각화하려면 인수 전략을 세워야 한다. 이를 위해 우리 기업이 어떤 M&A를 수행해야 시너지를 창출할 수 있는지 철저하게 분석해야 한다. 스케일^{scale} 전략과 스코프^{scope} 전략 중 어떤 전략을 선택할지, 어떤 섹터에서 어느 정도 규모의 딜을 진행할지 세분화된 계획을 수립해야 한다. 구체적인 M&A 전략이나 의지 없이 기회 되면 관심 있다는 식의 접근방식은 시간과 비용만 소모할 뿐이다. M&A를 위한 타깃섹터가 정의되면 내부자금과 인수금융을 고려해 소화할 수 있는 딜 사이즈 범위를 추정해야 한다. 한편, 잘못된 인수 전략을 세울 경우 M&A를 통한 시너지 창출이 어려워질 수 있다. 외부자금까지 동원해 높은 가격을 지불한 상태에서 M&A 전략마저 빗나가면 회사 전체가 재정적 어려움을 겪을 수 있다. M&A에 소요된 투자금을 회수하지 못할 뿐 아니라 M&A에서 창출하는 시너지가 자본비용을 커버하지 못하기 때문이다. M&A 전략을 수립하고 나면, 또는 M&A 전략을 수립하기 전 회사는 내부적으로 M&A TF팀을 구성할 수 있다. 체계적이면서 효율적으로 딜 프로세스를 위해 M&A 팀 내 의사결정체계와 각자의 역할을 체계적으로 정의해야 한다. 특히 M&A TF팀이 PMI에 어느 정도 관여할지 사전에 정의함으로 신속한 통합을 대비할 수 있다.

2단계: 딜 소싱

M&A 전략을 수립하고 나면 딜 소싱을 해야 한다. 딜 소싱은 크게 두 가지 방법으로 구분한 다음 각 방법에서 세부 전략을 세울 수 있다.

1. 첫 번째 방법은 회사 내부^{in-house}에서 타깃기업을 직접 찾는 것이다.
2. 두 번째 방법은 투자은행이나 회계법인과 같은 자문사를 통해, 즉 제3자를 통해 타깃기업을 찾는 것이다.

첫 번째 방법은 회사 내부에서 직접 타깃기업을 찾는 것이다. 회사의 임직원이 각자의 네트워크를 활용해 검토 대상 기업을 탐색하는 것이다. 본 방법은 대개 오랜 기간 업계에 종사해 네트워크가 좋은 임직원에게 유리할 수 있다. 두 번째는 제3자를 통한 방법으로 투자은행^{IB}, 회계법인, 부띠끄와 같은 외부자문사에게 비용을 지불하고 타깃기업을 찾는 방법이다. 본 방법은 비용을 지불하는 대신 시간과 노력이 절약된다는 장점이 있다. 딜 소싱에 대해서는 다음 토픽에서 자세히 다룰 것이다.

3단계: 실사

딜 소싱을 하는 과정에서 대개 회사소개서나 투자설명서와 같은 서류를 검토하게 되는데 이것을 데스크실사라고 한다. 데스크실사를 통해 타깃기업에 관심이 생기면 투자의향서를 제출하고 회사에 직접 방문해 본격적인 실사를 시작하게 되는데 본 과정을 본실사라고 부르기도 한다. 본실사는 또한 두 단계로 분류할 수 있다. 하나는 상업실사^{CDD}이고, 다른 하나는 재무실사^{FDD}(또는 자산부채 실사, 또는 최종실사)이다. 상업실사는 투자회사의 M&A TF팀을 주축으로 타깃기업을 실사하는 과정이다. 본 과정에서 대상회사가 정확하게 우리가 찾는 회사인지, 혹시 딜을 중단해야 할 위험은 없는지 자세히 조사하게 된다.

그림3-4: 기업 인수 절차에 따른 필요 서류와 계약서의 예시

일반적으로 기업 인수 과정에서 상업실사를 완료하면 양자가 양해각서MOU를 체결하고 최종실사를 수행한다. 본 단계에서는 회계법인, 세무법인, 법무법인 등을 동원해 대상기업의 자산과 부채, 대상기업의 각종 계약관계, 그리고 세금 문제 등을 매우 자세하게 조사하게 된다.

4단계: 실사를 바탕으로 가격 협상 후 계약 체결

최종실사를 마치면 양자는 최종 주식 인수가격, 타깃기업의 임직원에 대한 처우, 진행 중인 소송건이나 부외부채 처리와 같은 주요사항에 대해 최종협의를 하고, 이것을 계약서에 명시하게 된다. 계약서는 인수회사가 투자하는 자산의 종류에 따라 주식인수계약서, 자산인수계약서, 영업양수도계약서 등이 될 수 있다.

5단계: 인수 후 통합

주식인수계약을 체결하고 타깃기업 주주에게 인수대금의 잔금을 지급하면 두 회사의 이해관계는 비로소 같은 방향이 되면서 Day 0이 시작된다. 인수회사는 이때부터 본격적인 통합작업을 수행하게 된다. Day 0 전에 수립한 인수 후 통합PMI 계획을 따라 통합의 속도를 결정하고 기업가치를 제고하는 데 총력을 기울이게 된다. 통합의 방법과 구조조정의 속도는 신속할수록 잠재적인 손실을 최소화할 수 있다. 인수한 이후 각 시점마다 실행해야 할 업무를 제때에 실행하지 못하면 핵심인력의 이탈 가능성이 높아져 큰 손실을 초래할 수 있다. 이러한 인수위험을 완화하기 위해 실사과정부터 통합계획 정리를 시작해 Day 0 전까지 구체적으로 마련해야 할 필요가 있다.

● **디즈니의 마블 인수 절차**

그림3-5: 디즈니의 마블 인수 절차 예상

디즈니는 마블을 최종적으로 5조 원에 가까운 금액으로 인수했다. 당시에는 본 인수금액이 너무 높다는 언론과 평가가 지배적이었고, 이로 인해 디즈니 주가가 일시적으로 하락하기도 했다. 그러나 결론적으로 디즈니의 M&A 전략은 매우 성공적이었다.

1단계: M&A 전략

디즈니가 마블을 인수한 배경은 남성 팬덤을 강화하기 위한 M&A 전략에서 비롯된다. 미키마우스와 백설공주 등으로 어린이층과 소녀층 고객은 확보했지만 남성 청소년이나 성인들을 유인할 수 있는 캐릭터가 부재한 상태였다. 본 팬덤을 강화하기 위해 스파이더맨, 헐크, 토르 등 5천여 개의 캐릭터를 보유한 마블은 디즈니에 최적의 타깃이었을 것이다.

2단계: 딜 소싱

디즈니와 마블 간의 미팅은 디즈니가 마블에 먼저 제안했던 것으로 예측된다. 마블을 인수하기 전 2006년에 픽사를 인수했고, 마블을 인수한 다음 2012년에는 「스타워즈」의 루카스필름을 인수했다. 이러한 디즈니의 끊임없는 M&A 행보와 마블이 히어로 성격이 강한 남성 캐릭터를 많이 보유했다는 것을 감안하면 디즈니가 먼저 마블에 접근했다는 추측이 가능하다. Fox 뉴스에 의하면 디즈니 CEO인 로버트^{Robert}가 마블 CEO인 이삭^{Isaac}을 만났고, 일련의 회의를 거쳐 합병 논의로 발전되었다고 언급했다.

(참조: Fox business)

3~5단계: 실사부터 통합까지

디즈니 CFO인 톰^{Tom}이 로이터와 인터뷰한 내용을 참조하면 디즈니는 마블을 알아 가면 알아 갈수록 (실사를 통해) 마블이 보유한 자산과 각 자산이 차지하고 있는 포지션들을 존경하게 되었다고 언급했다. 인터뷰를 진행할수록 마블과 디즈니의 캐릭터 조합의 가치를 신뢰하게 되었다고 한다. 디즈니는 마블에 인수가격을 제시했고, 최종적으로 현금과 주식스왑을 포함해 40억 달러의 주식인수계약서를 체결했다. 디즈니와 마블은 같은 엔터테인먼트 사업을 영위하지만, 마블의 조직을 디즈니로 흡수하지 않았다. 아마도 다른 유형의 캐릭터를 주요 자산으로 삼고 있는 것을 감안해 마블 조직의 독립성을 유지하는 것으로 결정한 것으로 보인다. 마블은 별도의 조직을 둔 LLC의 형태로 존재하지만, 마블 캐릭터를 통해 발생하는 모든 수익은 디즈니의 재무제표에서 집계된다.

(참조: 로이터뉴스)

3. 딜 소싱 전략 – 디즈니의 마블 발견

우리의 가장 최근 데이터에 따르면 치밀한 전략을 세우는 인수회사는 COVID-19 전염병과 같은 경제적 충격이 경쟁우위에 어떻게 영향을 미치고, 그에 따라 기업 및 M&A 전략과 이니셔티브를 수정하는 방법을 이해할 가능성이 더 높습니다. 또한 전략적 인수기업은 다른 기업에 비해 M&A가 어떻게 기업 전략에 기여하고, 상황을 앞서 주도하는 딜 소싱을 어떻게 수행하는지에 대하여 강력한 청사진을 제시할 가능성이 더 높습니다.

참조: How one approach to M&A is more likely to create value than all others, 맥킨지, 2021. 10. 13.

• 딜 소싱이란?

M&A 전략을 수립하고 나면 딜 소싱$^{deal-sourcing}$을 시작하게 된다. 딜 소싱이란 타깃기업을 찾아낸 후 투자후보를 선별하는 작업이다. 찾는다는 것은 인수전략에 부합된 기업을 발견한다는 것이며, 선별한다는 것은 발견한 기업들 중 검토할 만한 기업을 가려낸다는 것이다. 즉 딜 소싱이란 우리가 접근한 많은 타깃기업 중에서 시간과 비용을 들여 검토하고

실사할 만한 기업을 발굴하는 작업이다. 이 작업은 대단히 시간 소모적이며 때론 비효율적인 절차들을 겪을 필요가 있다. 인수회사가 세운 타깃기업의 조건과 대상회사의 매각의사가 맞아떨어져야 하기 때문이다.

사모펀드와 같은 재무투자자(FI: Financial Investor)에게 딜 소싱은 업무 그 자체가 된다. 일반기업과 같은 전략투자자(SI: Strategic Investor)에게 M&A는 성장 전략이지만, 재무투자자에 M&A는 영업활동이기 때문이다. 따라서 재무투자자는 뒤에서 설명하게 될 내부 딜 소싱 능력을 보유하는 것이 매우 중요하다. 일반기업은 어떤 방법을 동원하든지 한두 번의 M&A를 잘하면 성공이지만, 사모펀드는 계속해서 M&A를 해야 하기 때문이다. 따라서 사모펀드와 같은 회사에서 딜 소싱을 잘하는 것은 매우 큰 능력으로 간주된다.

최근 들어 M&A 시장에서 딜의 공급보다 수요가 많아, 즉 투자할 수 있는 기업보다 자금이 많아 딜 소싱 전략이 더욱 중요해지고 있다. 하나의 타깃기업을 두고 경쟁이 치열해지면 매수가격이 높아지기 때문이다. 따라서 다른 경쟁자와 비슷한 파이프라인에만 의존하는 딜 소싱으로는 차별화된 투자가 어렵다. 알파^a 수익률 창출은 차별화된 딜 소싱 전략에서 시작된다.

● 딜 소싱 방법론

딜 소싱 방법론은 타깃기업을 회사 내 인력들이 직접 찾아내는 '내부$^{in-house}$ 딜 소싱'과 자문사와 같은 '제3자$^{3rd\ party}$를 활용한 딜 소싱' 두 가지로 구분할 수 있다. 그다음 각 방법에서 더욱 세분화된 방법을 구상해 볼 수 있다.

내부 딜 소싱

내부in-house 딜 소싱은 인수회사에 속한 임직원들이 제3자를 거치지 않고 직접 대상기업을 발굴하는 방법이다. 개인적으로든 사업적으로든 임직원이 각자의 네트워크를 활용해 타깃기업을 찾아내는 것이다. 사실이 방법은 오랜 기간 업계에 종사한 임직원에게 유리한 방법이다. 오랜 시간 동안 대외적인 활동을 통해 좋은 네트워크가 형성될 수 있기 때문이다. 아직 업계 경험이 부족한 전문가는 각종 컨퍼런스를 참석해 여러 사람들과 인사하고 교류함으로 네트워크를 넓혀 갈 수 있다.

내부 딜 소싱을 좀 더 세분화하면 네 가지 방법으로 구분할 수 있다.

1) 첫 번째는 공개매각 딜에 참여하는 것이다. M&A 시장에 알려진 타깃기업에 입찰의향서를 내고 실사를 거쳐 입찰가격을 제시해 우선협상자로 선정되는 것이다. 본 방법은 다른 경쟁사도 참여하기 때문에 차별화되지는 않지만 간과할 수 없는 방법이다. 매각회사는 매각에 경쟁을 붙이면 몸값을 올릴 수 있으므로 공개매각을 선호한다.

2) 두 번째는 타깃으로 삼은 기업을 비밀리에 직접 연락하는 것이다. 아직 시장에 나오지 않은 매물에 접근하므로 경쟁사와 차별화를 둘 수 있는 방법이다. 하지만 본 방법은 상당한 시간과 노력을 요구한다. 경영권을 쥐고 있는 소유주와 연락하는 것이 어려울 뿐 아니라 연락이 닿을지라도 매수 제안에 응하지 않을 수도 있기 때문이다. 그러나 본 방법을 통해 타깃기업을 찾아내고 딜을 클로징한다면 초과수익률을 얻을 가능성이 높아진다.

3) 세 번째는 타깃기업으로부터 직접 매수 제안을 받는 것이다. 이 방

법은 시간과 노력을 들일 필요가 없다는 점에서 매우 매력적이다. 딜의 진행 여부를 결정하기 위해 내부적으로 심사만 하면 된다. 다만 본 방법은 주로 결정권자 사이에서 일어날 수 있는 방법이며, 제안을 받는 회사는 또한 업계에서 투자 여력과 명성이 알려져 있어야 한다.

4) 마지막 방법은 사모펀드가 투자한 회사를 찾아내는 것이다. 타깃섹터에 주로 투자하는 사모펀드를 찾아내고, 그 사모펀드들이 투자한 포트폴리오 기업들을 살펴보는 것이다. 이 방법은 위의 세 방법에 비해 꽤 수월한 방법일 수 있다. 사모펀드가 보유한 기업은 언젠가 다시 M&A 시장에 나올 기업이므로 해당 사모펀드에 접근할 경우 이야기를 쉽게 풀어 갈 수 있다. 더욱이 사모펀드가 투자한 기업이므로 전문가에 의해 이미 검토된 기업이라는 장점도 갖고 있다. 단점은 가격이 높을 가능성이 있다. 사모펀드는 투자한 원금에 기대 수익률을 요구하기 때문이다. 그럼에도 불구하고 사모펀드들 간에 세컨더리마켓, 즉 유통시장이 존재할 만큼 본 방법론은 활성화되고 있다. 사모펀드들이 보유한 기업이 매우 많아 한 사모펀드가 보유한 포트폴리오 기업을 다른 사모펀드가 다시 매수하기 때문이다.

제3자를 활용하는 딜 소싱

3자를 통한 딜 소싱은 투자은행, 회계법인, 부띠끄와 같은 외부자문사를 활용해 타깃기업을 찾는 것이다. M&A 자문에 능숙한 외부전문가에게 비용을 지불하고 맡기므로 시간과 노력을 절약할 수 있다. 3자를 활용하는 방법에도 두 가지가 있다.

- 하나는 인수회사가 외부자문사를 고용해 타깃기업을 찾는 것이다. 이때 자문사는 인수회사 측에서 자문하므로 바이사이드$^{buy-side}$ 업무를 맡게 된다. 수수료는 대개 최초 지불하는 기본수수료$^{retainer\ fee}$와 거래가 성사된 후 지불하는 성공수수료$^{success\ fee}$로 구분된다. 바이사이드 자문사는 인수회사 대신 딜 소싱을 하고 실사과정부터 딜이 종료할 때까지 참여해 각 과정마다 필요한 자문을 제공하게 된다.
- 다른 하나는 매각기업이 고용한 자문사로부터 딜 정보를 제공받는 것이다. 이 경우 자문사는 매각기업 측에서 셀사이드$^{Sell-side}$ 업무를 맡게 된다. 셀사이드 자문사를 통해 딜을 발굴할 경우 신속히 진행할 수 있다는 장점이 있다. 다만 매도자가 먼저 매각을 결정했다는 것을 감안해 매각사유를 꼼꼼히 짚어 볼 필요가 있다.

일반기업의 경우 내부인력이든 외부자문사든 가능한 많은 파이프라인을 가동해 딜을 소싱하는 것이 유리하다. 아무래도 사모펀드처럼 M&A를 본업으로 하지 않기 때문에 내부인력 네트워크만으로 한계가 있을 수 있다. 내부인력을 통해서든지 외부자문사를 통해서든지, 전략에 부합된 M&A에 성공하는 것이 중요하다. 사모펀드도 두 방법을 모두 활용할 수 있다. 그러나 장기적 관점에서 사모펀드는 내부 딜 소싱 능력을 잘 갖춰야 한다. 3자를 통한 딜 소싱에만 의존할 경우 펀드에 자금을 제공하는 기관투자자는 해당 사모펀드가 딜 소싱 능력이 결여되었다고 판단할 수 있기 때문이다.

• 디즈니의 마블 발견

디즈니의 마블 인수 사례에서 딜 소싱은 자체 딜 소싱으로 여겨진다. 디즈니가 먼저 제안했는지 마블이 먼저 제안했는지에 대한 자료는 없지만, 배경을 놓고 보면 디즈니가 먼저 접근했을 가능성이 매우 높다. 디즈니의 M&A 전략은 남성 팬덤층을 확보하는 것이었다. M&A 전략에 따라 아이언맨, 토르, 스파이더맨 캐릭터를 보유한 마블은 디즈니에 최적의 대상이었다. 결국 두 회사의 CEO 간 미팅이 시작되었고, 미팅이 진전되어 협상에 이르게 되었다. 디즈니의 니즈와 딜의 흐름을 고려하면 디즈니가 마블에 먼저 접근했다는 추측이 가능해진다. 이것이 맞다면 본딜 소싱은 자체 딜 소싱이며, 타깃기업에 지분매각을 먼저 제안한 경우에 해당된다.

Announcement Date	Deal Size (M USD)	Target Name	Target Industry	Acquirer Name	Acquirer Industry
17/02/2017	162,008	Unilever PLC	Food and Beverage	Kraft Heinz Co	Food and Beverage
06/11/2017	142,419	Qualcomm Inc	Semiconductors	Broadcom Ltd	Semiconductors
11/06/2020	106,878	Unilever NV	Food and Beverage	Unilever PLC	Food and Beverage
03/01/2019	93,445	Celgene Corp	Pharmaceuticals	Bristol-Myers Squibb Co	Pharmaceuticals
15/03/2018	90,595	Unilever PLC	Food and Beverage	Unilever NV	Food and Beverage
09/06/2019	89,794	Raytheon Co	Aerospace & Defense	United Technologies Corp	Aerospace & Defense
25/06/2019	83,859	Allergan PLC	Pharmaceuticals	AbbVie Inc	Pharmaceuticals
14/12/2017	83,022	21st Century Fox Inc	Cable	Walt Disney Co	Cable
13/06/2018	77,464	21st Century Fox Inc	Cable	Comcast Corp	Cable
28/03/2018	76,886	Shire PLC	Pharmaceuticals	Takeda Pharmaceutical Co Ltd	Pharmaceuticals
27/03/2019	69,100	Saudi Basic Industries Corp SJSC	Petrochemicals	Saudi Arabian Oil Co	Oil & Gas
08/03/2018	68,524	Express Scripts Holding Co	Healthcare Providers &	Cigna Corp	Healthcare Providers &
03/12/2017	67,823	Aetna Inc	Healthcare Providers &	CVS Health Corp	Other Retailing
01/08/2018	61,818	Energy Transfer Partners LP	Pipelines	Energy Transfer Equity LP	Oil & Gas
29/04/2018	58,689	Sprint Corp	Wireless	T-Mobile US Inc	Wireless
06/09/2018	57,340	Dow Inc	Chemicals	Shareholders	Other Financials
24/04/2019	54,211	Anadarko Petroleum Corp	Oil & Gas	Occidental Petroleum Corp	Oil & Gas
10/12/2019	49,144	PetroChina Co Ltd-Pipeline assets	Pipelines	China Oil & Gas Pipeline Network	Oil & Gas
12/04/2019	48,646	Anadarko Petroleum Corp	Oil & Gas	Chevron Corp	Petrochemicals
27/02/2018	48,412	Sky PLC	Broadcasting	Comcast Corp	Cable
11/09/2020	44,854	Altice Europe NV	Cable	Next Pvt BV	Other Financials
30/11/2020	43,460	IHS Markit Ltd	IT Consulting & Service	S&P Global Inc	Professional Services

그림3-6: 딜 규모순으로 정렬한 글로벌 M&A 딜 리스트 (참조: 톰슨로이터)

그림3-6은 2020년까지 있었던 글로벌 M&A 딜을 규모순으로 정렬한 것이다. 여기서 보고자 하는 것은 대부분의 대형 딜들이 사모펀드가 아

닌 일반기업에 의해 이뤄졌다는 것과 대부분 같은 산업 내에서 일어났다는 것이다. 즉 일반기업이 핵심사업을 강화하기 위해 같은 산업에 있는 경쟁사를 인수한 스케일scale 딜이 주를 이룬다. 디즈니가 핵심사업을 유지하면서 팬덤층을 강화하기 위해 마블을 인수한 것과 유사한 형태이다. 같은 산업 내에서 M&A가 일어났다면 딜 소싱은 자문사가 주도했다기보다는 경쟁사 간 협상에서 먼저 비롯되었을 가능성이 높다. 즉 대형 딜들은 주로 내부 딜 소싱에 의해 이뤄졌을 것이라는 결론이다.

M&A 실사: 디즈니의 마블 3단계 실사

1. M&A 실사 절차와 방법

기술 집약적인 기업을 인수할 때 핵심인력의 능력과 영향력을 이해하는 것이 중요합니다. 인수기업은 실사 중에 대상기업 사업의 성공적인 운영을 위해 핵심인력을 식별하는 것이 중요합니다. 또한 대상기업 사업을 통합하는 것은 간단하지 않습니다. 많은 기술회사들이 협업하는 데 진보적일 수 있지만, 인수회사가 굳이 두 회사의 문화와 철학을 통합할 필요는 없습니다. 인수회사는 실사 중에 두 기업의 문화가 일치하는지, 아니면 통합하기 어려운 문화인지 확인하는 것도 중요합니다.

참조: Due diligence checklist for tech acquisitions, Law Asia, 2021. 11. 3.

| Step 1 | Step 2 | Step 3 | Step 4 | Step 5 |
| M&A전략 | 딜 소싱 | 실사 | 계약 | PMI |

M&A 담당자는 소싱 단계에서 발굴한 대상기업의 자료들을 검토하면서 딜의 진행 여부를 결정해야 한다. 일반적으로 자문사를 통해 딜을 발굴한다면 준비된 투자설명서를 읽을 수 있고, 내부적으로 발굴한다면 스스로 취득하는 정보들을 취합해 조사해야 할 것이다. 이렇게 소싱 단계에서 대상기업을 조사하는 것을 데스크실사라고 한다. 아직 회사에 방문하거나 타깃기업의 담당자를 직접 만나기 전 책상에서 할 수 있는 실사라는 의미이다. 데스크실사에서 대상회사에 대한 투자매력을 느꼈다면 이제 본격적인 실사를 진행해야 한다. 일반적으로 이 단계에서 실사를 진행하려면 투자의향서^{LOI} 제출이 필요하다. 대상회사에 방문해 회사를 둘러보고, 담당자들을 만나며, 내부자료를 검토하려면 투자 의향에 대한 진정성을 보여야 하기 때문이다.

● **실사의 이해**

실사$^{Due-Diligence}$란 투자에 대한 의향을 점진적으로 확정하고, 협상테이블에서 논의하고 결정해야 하는 부분을 발견하기 위해 타깃기업을 전사적으로 조사하는 작업이다. 전사적이란 의미는 여러 종류의 자료$^{data-room}$를 검토하는 것뿐 아니라 현장에 방문하고, 임직원을 만나면서 수행해야 하는 여러 작업들을 포함하고 있다는 의미이다. 여기에는 매도자의 매도사유 파악, 각 부서 주요 임직원과의 인터뷰, 자산의 실체 점검, 핵심인력 파악과 이탈 방지를 위한 정책 수립, 기업가치제고를 위한 전략 수립 등이 포함된다. 이렇게 실사는 시간과 노력, 그리고 비용이 매우 소모되는 과정이므로 투자 가능성이 있는 딜을 선별해서 수행해야 한다.

스코프^{scope} 딜의 경우 대상기업 실사가 별도의 전문성을 요구한다면 해당 사업에 능숙한 외부전문가를 영입해야 하는 경우도 있다. 스케일scale 딜에서는 우리 회사의 핵심사업과 유사한 사업을 가진 회사를 검토하기 때문에 대상회사 사업을 이해하는 것이 어렵지 않다. 그러나 우리 회사와 전혀 다른 사업이나 제품을 보유한 회사를 조사할 경우 대상회사의 사업과 기술을 이해하기 어려울 수 있다. 이때에는 우리 측에 서서 대상회사를 상대하면서 분석적인 의견을 줄 수 있는 외부전문가를 고용할 필요가 있다.

한편 실사에는 대상기업에 대한 레퍼런스 체크를 반드시 포함해야 한다. 레퍼런스 체크란 대상기업의 고객, 공급처, 경쟁사, 조사기관의 리포트, 또는 업계 전문가 등 제3자로부터 대상기업에 대한 의견을 듣는다는 것이다. 실사기간 동안 검토하는 자료는 대개 대상기업이 작성하거나 가공한 자료들이다. 따라서 대상기업에서 제공하는 자료만 읽다 보면 대상기업의 의견에 설득될 수도 있다. 이것은 투자자나 애널리스트가 종종 범할 수 있는 오류이다. 내가 담당하는 대상기업을 조사하기 위해 시간을 들이다 보면 어느새 내가 대상기업의 의견에 설득되는 경우가 있다. 이러한 오류를 줄이고 투자의견에 대한 객관성을 끝까지 유지하기 위해 담당자는 반드시 레퍼런스 체크를 수행해야 한다. 이것은 가능한 초반부터 주기적으로 수행하는 것이 좋다. 일찍 알았어야 할 것을 너무 늦게 알게 되면 시간과 노력이 헛되이 소모될 수 있고, 대상기업 의견에 너무 깊이 설득되었다면 부정적인 레퍼런스에 둔감해질 수 있기 때문이다.

• 실사 절차

실사 절차는 이래야 한다는 정형화된 이론은 없지만, 실무적으로 예비실사와 본실사로 구분할 수 있다. 그리고 본실사는 상업실사(CDD: Commercial DD)와 재무실사(FDD: Financial DD)로 구분되기도 한다. 이러한 절차들은 매각기업의 규모나 매각방식에 따라 언제든지 달라질 수 있다.

그림4-1: 실사의 구분

예비실사

예비실사는 서두에 언급했던 데스크실사로서 소싱단계에서 얻은 정보로 대상기업을 조사하는 과정을 말한다. 내부 딜 소싱에 의존할 경우 접근할 수 있는 외부자료에 의존할 것이며, 자문사를 통해 소싱할 경우 자문사가 작성한 투자설명서를 읽게 될 것이다. 투자설명서를 취득하려면 상대 측에 비밀유지계약서NDA를 제출해야 한다. NDA란, 대상회사가 제공하는 자료를 통해 취득한 정보를 오직 투자 목적에만 사용하고 외부에 유출하거나 관련 내용을 발설하지 않겠다는 것을 서면으로 약속하는 양식이다. 투자설명서는 대상기업 정보와 매각에 대한 정보를 포함하기 때문에 각별한 보안을 요구한다.

투자설명서는 일반적으로 매각에 관한 사항과 일정을 비롯해 대상기업의 일반현황, 산업분석, 사업의 구체적인 내용, 그리고 재무정보를 담고 있다. 투자 하이라이트나 대상기업의 SWOT 분석 등을 포함하기도 한다. 담당자는 투자설명서를 읽으면서 대상기업을 파악하고, 간략한 가치평가를 수행해 딜 가치를 가늠해 봐야 한다. 일반적으로 예비실사에서 본실사로 넘어가려면 투자의향서^{LOI}를 제출하게 된다. 투자의향서는 대표이사 날인을 통해 우리 회사가 대상회사에 투자할 의향이 있다는 뜻을 담고 있다. 따라서 담당자는 예비실사를 통해 대상회사가 투자할 만한 매력이 있어 더 조사하고 싶다는 확신을 가져야 한다. 이를 위해 투자설명서에 대한 추가적인 Q&A를 실행하거나 다른 외부자료, 레퍼런스 체크를 수행해 대상기업에 대한 신뢰성을 높여 가야 한다.

본실사

그림4-2: 본실사의 구분

예비실사를 마치고 투자의향서를 제출하면 본실사에 진입한다. 예비실사는 대상기업과 대면 없이 데스크에서만 수행했다면, 본실사부터는 대상기업과 대면하면서 수행하게 된다. 본실사는 또한 상업실사와 재무실사로 구분할 수 있다. 일반적으로 인수회사가 상업실사를 마치면 내부적으로 투자의사결정을 진행해야 한다. 투자의사결정은 대상회사를 인수하거나, 투자하되 투자금액까지 포함할 수 있다. 그리고 양자 간 협의를 거쳐 양해각서^{MOU}를 체결하게 된다. 양해각서는 투자조건과 함께 최종실사 기간, 대상기업 임직원의 처우, 계약금 지급과 같은 내용을 포함한다. 두 회사가 양해각서를 체결하면 최종실사인 재무실사를 수행하게 된다. 한편 딜의 형태에 따라 양해각서 체결 후 상업실사와 재무실사를 동시에 수행하는 경우도 있다.

● 상업실사

상업실사는 예비실사를 마치고 최종실사를 하기 전에 수행하는 실사이다. 일반적으로 LOI를 제출하고 양해각서를 체결하기 전에 수행하는 실사로서 대상기업의 사업이 인수회사의 M&A 전략에 부합되는지 면밀하게 확인하는 것에 중점을 둔다. 또한 딜을 중단해야 할 만한 상황은 없는지 조사하면서 동시에 기업가치평가를 수행해야 한다. 대상기업이 예비실사에서 매력적으로 보였지만 상업실사에서 어떤 문제점이 드러나거나, 양자의 거래조건이 타협되지 않아 딜을 중단하는 경우가 충분히 발생할 수 있다. 인수기업은 내부 투자의사결정과 기업가치평가 수행을 위해 필요한 자료$^{data-room}$들을 요청해야 한다. 만약 대상기업 자문사가 실사자료를 미리 준비했다면 실사를 수행하는 과정 중 추가적으로 봐야할 자료들을 요청할 수 있다. 상업실사에서 일반적으로 검토해야 하는 주요 자료들은 그림4-3과 같다.

부문	세부내용
사업에 관한 사항	• 제품 또는 서비스를 구체적으로 이해할 수 있는 자료 • 장·단기 사업계획서 • 현재 R&D 상태에 있는 신제품과 개발 현황 • 특허, 상표권, 저작권 등의 지적재산권과 기술의 노하우 • 경쟁사 대비 경쟁우위

재무에 관한 사항	• 과거 3~5년간 감사보고서 또는 재무제표 • 전환사채, 전환상환우선주와 같은 메자닌증권 발행 현황 • 공장이나 설비 등의 생산설비 현황과 가동률 • 현재 진행 중이거나 계획 중인 고정자산투자^{CapEx} 내역 • 주요 원재료와 공급자
시장에 관한 사항	• 시장의 규모와 추세 • 경쟁자 현황과 시장점유율의 변화 • 고객의 피드백
인사에 관한 사항	• 회사의 조직도와 임직원 현황 • 존재할 경우 공장 또는 지사의 조직도와 임직원 현황 • 임금제도와 복리후생에 관한 사항 • 노조의 존재와 노사간 주요 협약
법률	• 현재 소송 중이거나 미래 계류할 수 있는 소송에 관한 사항 • 회사 정관상 M&A에 영향을 주는 부분 • 그 외 딜 진행 여부에 영향을 끼칠 수 있는 주요 사항들

그림4-3: 상업실사 주요 체크리스트의 예

상업실사를 수행하는 실사팀은 M&A팀과 함께 M&A 전략을 가장 잘 이해하는 팀들로 구성되어야 한다. 예를 들어 M&A 목적이 제품 포트폴리오의 다변화라면 제품을 가장 잘 이해할 수 있는 제품팀의 의견이 상당히 중요해진다. 따라서 실사팀은 M&A팀과 제품팀을 중심으로 기술팀, 재무팀, 법무팀, 인사팀, 영업팀 등으로 구성될 수 있다. 만약 인수기업이 내부인력만으로 실사하기 어려운 영역이 있다면 외부전문가나 자문사를 섭외해 부족한 부문을 보충해야 한다. 이렇게 구성된 실사팀은 각 팀이 점검해야 할 자료들을 검토하면서 실사리포트를 작성하게 된다. 그리고 M&A팀은 각 팀들을 컨트롤하고 자료를 취합해 의사결정권자가 투자의사를 결정할 수 있도록 보고서를 준비해야 한다. 그림4-3은 하나의 사례로서 딜에 따라 추가하거나 생략할 수 있는 부문이 있고, 더욱 구체적인 자료를 요구해야 할 필요도 있다. 한편 상업실사 단계는 두 회사 간 법적으로 구속된 계약이 없는 상태이므로 대상기업이 공개를 꺼려 하는 부문에서 자료를 취득하는 것이 어려울 수도 있다.

● 재무실사

재무실사에 돌입하면 인수회사는 회계법인, 세무법인, 법무법인과 같은 외부자문사를 고용해 최종실사를 수행하게 된다. 재무실사의 가장 큰 목적은 대상기업의 자산과 부채의 실체를 확인하는 것이다. 실사를 수행하기 전 보고받은 자산과 부채 규모가 실사결과와 다를 경우 주식인수의 최종가격은 변동될 수 있다. 이와 더불어 세금, 법무, 그리고 인사와 관련된 실사를 동시에 수행하게 된다.

• 자산과 부채 측면

인수회사는 최종실사에서 감사받지 못한 기간에 대해 자세히 실사해야 한다. 이와 더불어 장부상에 기재되지 않은 부외부채, 인식하지 않은 퇴직금을 확인해야 한다. 또한 대상기업의 회계 방식이 정확한지 확인하고, 정확하지 못한 부분은 수정해 최종 가격에 반영해야 한다. 유형자산과 같은 실물자산은 현장실사를 수반하게 된다. 상태에 따라 필요한 유지보수나 대체의 필요성을 파악해야 하기 때문이다. 특히 향후 제품 생산의 증가에 따라 현재 생산능력이 부족하지 않은지 분석해야 한다. 만약 생산설비를 증설할 필요가 있고, 그 비용이 내부에 유보된 현금보다 클 경우 대상기업에 추가적으로 투자해야 하기 때문이다.

• 세무 측면

세무 측면에서 가장 중요한 것은 대상기업 장부에 현재나 미래 발생할 수 있는 세무상의 부채가 적절하게 반영되었는지 확인하는 것이다. 만약 실사 전 인식하지 못한 세무상의 부채가 발견될 경우 우발적인 세무충당금으로 반영해야 한다. 또한 세무적으로 최대한 혜택을 받을 수 있는 거래구조를 결정하고, 그에 따른 거래세 비용을 파악해야 한다.

• 법률 측면

인수회사는 법률자문사를 고용해 대상기업이 대내외적으로 체결하고 있는 모든 계약관계를 파악하고 계약서를 조사해야 한다. 무엇보다 가장 중요한 것은 현재 계류 중이거나 앞으로 계류될 수 있는 소송에 관해 자세히 파악하고 대처해야 한다. 또한 대상회사의 정관과 이사회의사록이나 주총의사록과 같은 조직 서류를 점검하고, 필요한 경우 주요 임직원에 대한 법률적 레퍼런스 체크를 수행해야 한다. 지적재산권과 같은 무형자산 비중이 높을 경우 각종 인허가 자료와 특허권, 상표권 등을 조사해야 하고, 환경과 관련해 오·폐수 시설, 공해유발 시설, 폐기물 매립에 관한 사항들을 점검해야 한다. 법률실사를 통해 발견된 이슈들은 최종실사 후 마지막 협의에서 논의해 투자계약서에 반영해야 한다.

• 인사 측면

인수회사는 인사팀이나 외부 HR전문가와 함께 대상기업의 핵심인력을 파악해야 있다. 핵심인력 이탈 방지를 위한 계획을 수립하기 위해서다. 이를 위해 임직원 고용계약을 파악하고 성과급을 포함해 복리후생과 기업문화를 분석해야 한다. 한편 대상기업 조직이 비효율적일 경우 구조조정 계획을 수립해야 하고, 반대로 보강이 필요한 경우 신규팀을 신설하거나 신규채용을 기획해야 한다. 이러한 계획을 위해 인사실사는 최종실사 단계가 아닌 상업실사 단계에서 시작하는 것이 유리할 수 있다.

● **실사기간에 수반되는 업무들**

인수기업은 대상기업을 실사하면서 함께 수행해야 하는 업무들이 있다.

- 첫째, 기업가치평가이다. 일반적인 인수절차를 따른다면 인수기업은 총 세 번의 가치평가를 수행하게 된다. 먼저 예비실사에서 대상기업의 기업가치 범위를 추정하고, 상업실사에서 정밀한 평가를 수행해 협상에 도달하며, 마지막으로 최종실사에서 협상에 이른 기업가치를 서로 점검한 후 최종 확정에 이르게 된다.

- 둘째, 인수금융이다. 딜의 규모가 회사가 동원하는 자본금보다 클 경우 외부투자자로부터 자금을 조달해야 한다. 이를 위해 인수기업은 가장 낮은 자본비용으로 어떻게 자본을 조달할지 자본구조를 설계해야 한다. 이것은 투자자들의 투자금에 대한 상환 또는 Exit계획을 포함한다.

- 셋째, 계약서를 준비해야 한다. 실사기간에 계류 중인 소송, 장부상에 기재되지 않는 부채, 향후 발생될 수 있는 세금 등 주요 사항들을 발견해 추후 협상테이블에서 논의하고, 논의된 결과를 계약서에 반영해야 한다. 또한 향후 기업가치에 영향을 줄 수 있는 이슈를 분석하고, 대상기업의 임직원 처우에 대한 계획을 수립해 계약서에 반영해야 한다.

- 마지막으로 통합^{PMI} 계획 수립이다. 통합은 인수 후 진행되지만 신속한 통합을 위해 실사기간에 통합 전략을 수립해야 한다. 이를 위해 인수 후 일정들을 단계별로 구분한 다음 각 단계별로 실행할 것들을 계획해야 한다. 통합 전략은 기업가치를 제고하기 위한 경영계획까지 포함한다. 유명 사모펀드들은 인수 후 100일 내 가시적 성과를 올릴 수 있을 만한 요인들을 분석해 실행계획을 수립하는 경우가 많다.

M&A팀은 실사와 함께 위 모든 업무들이 순조롭게 진행될 수 있도록 각 팀과의 스케줄 관리에 능숙해야 한다. 회사 내부 실사팀과 외부자문사에게 적절한 업무를 지시하고, 각 업무들을 통합해 합리적인 결정에 도달할 수 있도록 취합하는 능력이 필요하다. 위에서 제시된 네 개의 업무들은 뒤에서 상세히 다루게 될 것이다.

2. 디즈니의 마블 실사 살펴보기

디즈니와 마블의 합병은 디즈니의 M&A 전략에 마블의 사업이 매력적으로 보였던 것에서 시작된다. 두 회사의 CEO가 여러 번 회동을 하는 동안 미팅의 내용이 합병에 대한 논의로 발전되었다. 디즈니의 CFO는 로이터와의 인터뷰에서 마블을 더욱 알아 가게 되면서 그들이 보유한 자산과 포지션에 대해 존경하게 되었다고 했다. 이 언급의 이면에는 양측 CEO가 만나는 동안 디즈니의 실사팀이 마블을 조사하면서 디즈니의 의사결정권자에게 보고하는 업무플로우가 예상된다. 그리고 마침내 양측의 CEO가 두 회사의 합병에 대한 의지를 굳히고 최종실사인 재무실사를 수행했을 가능성이 높다.

● 디즈니의 마블 예비실사

그림4-4: 디즈니의 마블 실사 절차 추정

디즈니와 마블의 CEO가 만나기 전 디즈니는 마블의 예비실사를 이미 마쳤을 것이다. 남성팬덤 확보에 중점을 둔 디즈니의 M&A 전략에 따라 스파이더맨, 아이언맨, 토르 캐릭터를 보유한 마블은 디즈니에 이상적인 대상이었다. 따라서 디즈니 CEO가 마블 CEO에 연락하기 전 디즈니는 마블에 대한 조사를 철저히 했을 것이다. 마블이 먼저 매각작업을 시작하지 않은 이상 투자설명서는 존재하지 않았기 때문에 디즈니는 외부에서 접근가능한 정보로 마블을 조사할 필요가 있었다. 당시 마블은 상장사였으므로 공시자료를 취득하는 것은 어렵지 않았다. 실무진은 마블의 주요 자산과 사업, 재무정보 등을 분석한 후 리포트를 작성해 CEO에게 보고했을 것이며, CEO는 이 자료를 습득한 후 마블에 합병을 제안하기 위해 마블의 CEO에 미팅을 제안했다.

● **디즈니의 마블 상업실사**

두 CEO의 첫 만남에서 디즈니는 마블을 인수하고 싶다는 의향을 언급했을 것이다. 두 회사 모두 유명하고, 같은 산업에서 서로를 잘 알고 상태에서 디즈니가 미팅을 제안하니 마블은 그 의도를 눈치챘을 것이다. 마블을 인수하겠다는 디즈니의 제안에 마블은 결과적으로 긍정적이었다. 그렇다면 마블이 디즈니의 제안을 받아들인 후 최종 거래조건에 도달하기 위해 디즈니는 마블을 실사해야 한다. 상업실사와 재무실사가 별도로 진행됐는지, 동시에 진행됐는지 알려진 바는 없다. 그러나 두 실사가 별도로 진행되었다고 가정할 경우 상업실사에서 디즈니는 마블에 다음과 같은 실사자료를 요청했을 것이다.

부문	세부내용
비즈니스 분석	• 인기순위별 현재 보유 중인 캐릭터와 프로파일 • 캐릭터별 팬덤 분석 자료 • 각 캐릭터가 창출한 장르별 수익(영화, 라이센싱, 각종 상품) • 캐릭터와 스토리 개발 과정 • 현재 개발 중인 캐릭터나 스토리 프로파일

	• 지적재산권 현황 • 관련 사업별 외주 현황 등
기업가치 평가	• 과거 3~5년간 섹터별·캐릭터별 매출액과 비용 • 공시된 재무제표에 기재된 장부가격의 시장가격 • 장부 외 자산과 부채 현황 • 향후 2~3년간 사업계획과 추정 손익 • 사업 부문별 주요 계약 현황 • 계열사 현황과 계열사별 실적, 그리고 계열사 간 거래 현황 • 비즈니스에 미칠 주요 위험사항 등
인사에 관한 사항	• 조직도 • 직급(Level)별 인력 현황과 보수 체계 등 • 캐릭터 개발 주요 인력과 프로파일 • 각 상품별(영화, 애니메이션, 출판, 라이센싱) 주요 인력과 프로파일 • 프리랜서 작가 등 외부인력 고용현황 등
법률	• 현재 소송 중이거나 미래 계류할 수 있는 소송에 관한 사항 • 그 외 딜 진행 여부에 영향을 끼칠 수 있는 주요 사항들
그 외 양해각서 체결에 필요한 주요 부문들에 대한 자료조사 필요	

그림4-5: 디즈니의 마블 상업실사 주요 체크리스트 추정

상업실사에서 디즈니가 가장 초점을 둘 것은 공시자료에서 확인할 수 없었던 캐릭터별 팬덤 현황과 실적, 그리고 이와 관련된 핵심인력이다. 예비실사에서 이미 확인된 사실이지만 상업실사를 통해 마블이 디즈니의 M&A 전략에 어느 정도 부합되는지 분석적인 데이터를 가공할 필요가 있다. 그와 함께 핵심인력을 파악하고, 이들의 이탈을 방지하기 위한 전략수립이 필요하다. 그리고 딜 가격을 제시하기 위해 마블의 향후 실적과 디즈니 사업과의 시너지를 추정해 가치평가를 수행해야 한다. 그림4-5는 디즈니가 마블의 상업실사를 수행하기 위해 점검해야 할 주요 자료들을 추정한 것이다. 그러나 디즈니가 마블을 실제로 실사할 때 요

구하고 분석했을 자료는 이보다 훨씬 깊고 방대했을 것이다.

● **디즈니의 마블 재무실사**

디즈니의 M&A팀은 상업실사를 토대로 보고서를 작성해 디즈니 내부의 의사결정권자에게 보고해야 한다. 디즈니는 이미 마블의 인수를 전제로 한 상태였다. 따라서 본 보고에서 가장 중요한 내용은 마블과의 합병으로 얻게 되는 시너지와 가치평가이다. 여기에 하나를 더 추가한다면 마블을 인수한 후 통합작업에 관한 계획이다. 같은 엔터테인먼트 사업을 영위하지만, 두 회사의 장르와 그에 따른 캐릭터가 달라 기업문화에 차이가 있을 수 있다. 따라서 디즈니는 실사기간에 마블을 인수한 다음 마블의 조직을 어떻게 관리할지 통합의 방법에 대해 많은 고민을 했을 것이다. 상업실사를 토대로 마블의 주당 인수가격과 임직원 처우 등에 관한 주요사항이 협의되면 양자는 양해각서를 체결해야 한다. 그리고 재무자문사와 법률자문사를 고용해 마블의 최종실사를 수행해야 한다.

부문	세부내용
자산과 부채	• 마블의 순자산(자산과 부채) 공정가치 파악 • 무형자산과 지적재산권 내역 • 디즈니와 마블의 회계처리방식 차이 • 디즈니의 재무제표에 반영할 마블의 자산, 부채, 그리고 매출액의 인식 • 디즈니가 인수할 마블 채무의 공정가액 • 차환^{Refinancing}이나 상환을 위한 마블의 채무 해지비용 등
법률	• 마블의 지적재산권 권리 분석 • 정직원과 프리랜서의 고용계약 • 아웃소싱 기업과의 계약 • 소송이나 우발채무 등

그림4-6: 디즈니의 마블 재무실사 주요 체크리스트 중 일부 추정

그림4-6은 디즈니가 마블의 최종실사를 수행할 때 주요하게 여길 것으로 판단되는 체크리스트의 일부를 보여 준다. 마블은 사업상 무형자산이 집약된 회사이다. 그리고 본 무형자산은 주로 저작권과 판권으로 구성된다. 따라서 디즈니가 최종실사에서 중점적으로 다뤄야 할 부분은 마블의 지적재산권이다. 지적재산권의 보유현황과 권리사항, 잔존수명 등에 대한 심도 있는 분석이 수반되어야 한다. 또한 마블은 서비스의 상당한 부문을 프리랜서와 외부용역에 의존하고 있다. 디즈니도 같은 사업을 영위하므로 어떤 서비스는 해지해야 할 필요도 있고, 유지해야 하는 경우도 있었을 것이다. 따라서 이들과의 계약관계에서 갱신을 위해 필요한 것과 해지를 할 경우 수반되는 비용파악이 주요한 이슈가 된다. 그림4-6에 나타나지 않았지만 마블의 인사 부문은 상업실사에 이어 최종실사에서도 매우 중요한 영역이다. 엔터테인먼트는 노동집약적인 사업이기 때문이다. 따라서 상업실사에서 완료하지 못했다면 최종실사에서 마블의 핵심인력을 계속 파악해야 하고, 이들의 유출을 방지하기 위해 기업문화와 복리후생을 어떻게 조정할지 결정해야 한다.

M&A계약: 디즈니와 마블의 합병 계약

1. 양해각서와 주식매매계약서

한샘은 7월 14일 조창걸 명예회장 외 7인이 보유한 주식 전부(지분율 약 30%)와 경영권을 IMM PE에 매각하는 양해각서(MOU)를 체결했다. 거래가격은 주당 22만 원을 적용한 1조 5000억 원 안팎이 거론됐다. 주식매매계약(SPA)은 실사 이후 구체적인 거래조건에 대해 합의한 뒤 이뤄질 예정이다.

Source: 「LX하우시스, 공동 인수자로 한발 앞서」, 더벨, 2021. 9. 6.

인수회사와 대상회사 간 투자조건에 대한 컨센서스가 이뤄지면 순서에 따라 양해각서(MOU: Memorandum of Understanding)와 주식매매계약서(SPA: Stock Purchase Agreement)를 체결하게 된다. 두 계약서가 기업 인수 절차에서 언제 진행되어야 한다는 공식은 없다. 딜의 형태나 마케팅 전략에 따라 순서는 유동적으로 변할 수 있다.

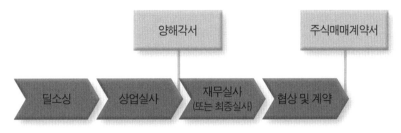

그림5-1: 기업 인수 절차에 따른 양해각서와 주식매매계약서의 체결 시점

그림5-1은 기업 인수 절차에 따라 양해각서와 주식매매계약서가 체결되는 보편적인 시점을 보여 준다. 서두에 소개한 신문기사와 같이 일반적으로 두 회사 간에 투자조건에 대해 합의가 되면 양해각서를 체결한다. 그리고 최종실사를 실행한 다음 마지막 협상을 종결하고 주식매매계약을 체결한다. 최종실사를 중심으로 보면 최종실사 전에 양해각서를 체결하고, 최종실사 이후 주식매매계약을 체결한다.

● **양해각서의 주요 내용**

인수기업이 예비실사나 상업실사를 통해 대상기업에 투자할 만한 가치가 충분히 있다고 판단하면 두 회사는 큰 틀에서 투자조건을 협의하게 되고, 이것이 합의되면 양해각서를 체결한다. 따라서 양해각서는 본협의에서 합의된 내용을 포함하게 되며, 이것은 실사 후 최종적으로 체결하게 될 주식매매계약의 초안 역할을 하게 된다. 양해각서에 포함되는 주요 내용은 다음과 같다.

주요 거래조건

딜에서 가장 중요한 것은 인수기업의 대상기업 주식 인수가격이다. 대개 양해각서나 주식매매계약의 서두에서 대상기업이 매각하는 주식의 형태와 주식수, 그리고 주당 인수가격을 명시한다. 만약 주식교환으로 거래하면 두 기업 간 주식교환 수를 기재하며, 인수기업이 현금과 주식을 함께 동원할 경우 대상기업 주식 한 주당 인수기업이 현금 얼마와 인수기업 주식 몇 주를 지불할지 명시한다. 그다음 재무실사에 따라 최종 인수가격이 변동될 수 있음을 기재하게 된다. 인수기업이 양해각서 체결 시점에 인지하고 있는 대상기업의 자산이나 부채가 실사를 통해 차이가 있음을 발견한다면 대상기업은 최종 매매가격에 그 차이를 반영해야 한다. 매각 측은 종종 인수기업이 대상회사의 임직원을 어떻게 처우할 것인지 중요하게 여기곤 한다. 이런 경우 인수회사의 임직원 처우에 관한 방향을 양해각서에 기재하게 된다. 예를 들어 매각자가 인수기업이 딜 클로징 후 일정 기간 동안 대상기업의 모든 임직원 고용의 보장을 원한다고 하자. 인수자가 이에 동의할 경우 양해각서에 이 내용을 정리해서 명시하고, 최종적으로 주식매매계약에서 이를 확정하게 된다

실사기간과 우선협상권

양해각서에 포함되는 중요한 사항 중 하나는 인수기업의 대상기업에 대한 실사이다. 인수기업은 양해각서 체결 이후 어느 시점에서 얼마 동안 실사를 수행할 것인지 양해각서에 명확히 밝혀야 한다. 그리고 인수기업은 본 기간에 취득하는 모든 정보에 대해 오직 대상기업 투자 목적으로만 사용할 것이며 외부로 유출하지 않는다는 것을 확약해야 한다. 한편 매각자는 실사기간을 포함해 특정기간 동안 현재 인수기업 외에

다른 잠재적 매수자와 교섭하지 않는다는 것을 분명히 해야 한다. 인수기업이 대상기업 인수에 많은 시간과 비용을 들이는 동안 매각자가 다른 제3자에게도 매매를 권유하거나, 매매에 관한 협의를 진행하고, 실제 매매작업에 돌입한다면 현재 실사를 수행하는 인수기업은 막대한 손해를 입을 수 있기 때문이다. 따라서 양해각서는 계약을 체결하는 상대 인수기업에 본 딜에 대한 우선협상권을 부여한다는 것을 반드시 포함해야 한다.

계약금과 귀책사유

인수기업이 대상기업을 철저하게 실사하는 것은 대상기업에 상당한 부담으로 작용한다. 모든 정보를 잠재적 인수자에게 공개하는 동시에 내부 임직원들의 집중력이 분산되기 때문이다. 실사 후 협상이 순조롭게 진행되고 최종적으로 딜이 클로징되면 문제는 없다. 그러나 잠재적 인수기업이 중도에 투자의사를 철회할 경우 대상기업이 얻는 피해는 막대하다. 첫째, 잠재적 인수기업이 대상기업의 내부정보를 취득해 이것을 다른 목적에 사용할 수 있다. 둘째, 매각이 불발되었다는 사실은 다음 매각진행에 불리한 요소로 작용할 수 있다. 셋째, 내부적으로 임직원의 사기가 저하될 수 있다. 딜의 불발로 매각기업이 얻는 내상과 외상이 매우 크다는 것이다. 이러한 위험을 헤지^{hedge}할 수 있는 한 방법이 계약금의 거치이다. 계약금을 거치한다는 것은 잠재적 투자자의 인수의사에 대한 진정성을 확인하는 방법이기도 하다. 또한 매각기업이 중요한 내부정보를 공개한 후 돌발적 상황을 맞게 되면 본 계약금이 그에 따른 보상이 될 수 있다. 인수기업이 실사를 마친 후 이유 없이 인수의사를 철회하면 본 계약금은 대상기업에 귀속되기 때문이다. 한편 인수기업이 실사를 통해 매각자가 실사 전에 공개한 자료와 실제가 큰 차이가 나거나, 매각자가 공개하지 않은 부정적 사실을 발견해 투자의사를 철회해야 하는 경우 본 철회의 사유는 매각자가 제공한 것이다. 이런 경우 계약금은 인수자에게 반환되어야 한다. 예를 들어 공개하지 않은 부외부채나 소송이 치명적이라던가, 장부가치와 시장가치가 현격하게 차이 나는 경우이다. 이런 경우 계약금뿐 아니라 실사에 소요된 시간과 비용을 함께 보상해야 한다는 조항을 양해각서에 포함시킬 수도 있다.

● **주식매매계약서의 주요 내용**

인수기업이 재무실사를 마치면 매각기업과 최종적으로 주당 인수가격을 협상해야 한다. 그와 더불어 대상기업의 임직원 처우, 각종 소송, 부채에 관한 처리 등 주요 사항에 대해 최종적인 결론에 도달해야 한다. 이 모든 것이 끝나면 두 회사는 주식매매계약서를 체결한다. 다음은 주식매매계약서에서 일반적으로 다루는 사항을 순서대로 나열한 것이다.

- 거래 목적과 계약서에 사용하는 용어
- 매매대상의 명시
- 인수가격과 대금지급 방법
- 거래 종료 시까지 양측이 이행해야 할 조건
- 거래 종료 시까지 사업운영에 관한 지침
- 거래 종료 일시, 장소, 양측이 교환할 서류의 일람
- 거래 종료 후 양측이 지켜야 할 사항
- 정부승인과 같은 특별한 조건충족에 대한 협의

- 직원의 복리후생과 처우
- 소송과 부채에 관한 사항
- 위 사항 외 조사 및 감사 단계에서 발견하지 못한 중요 문제점 대비
- 계약의 종료 및 해지의 효력 등

주식매매계약서에 포함되는 주요 내용을 디즈니와 마블의 합병계약서 사례를 통해 자세히 살펴보도록 하자.

2. 디즈니와 마블의 합병계약서 분석

• 두 회사의 합병계약서 목차

제1조 정의
1.1 정의
1.2 추가 정의
1.3 계약서 규칙

제2조 합병
2.1 합병
2.2 헌장 및 내규
2.3 합병의 유효기간
2.4 딜의 종결
2.5 존속법인의 이사 및 임원
2.6 회사 보통주에 대한 영향
2.7 증명서 교환
2.8 지분 보상
2.9 추가 보증
2.10 합병대가의 조정
2.11 합병된 주식에 미치는 영향
2.12 회사 간 부채

제3조 회사의 진술 및 보증
3.1 조직
3.2 회사의 자본화
3.3 자회사
3.4 승인
3.5 동의와 허가; 위반 사항
3.6 SEC 보고서 및 재무제표
3.7 부외부채 없음
3.8 특정 변경사항의 부재
3.9 소송
3.10 관련 법률에 관한 준수
3.11 속성
3.12 세금
3.13 지적재산
3.14 정보기술; 보안과 개인 정보
3.15 직원 혜택
3.16 노조
3.17 보상적 계약
3.18 근무환경 문제
3.19 제공된 정보
3.20 보험
3.21 필름 대출; 대출된 필름 자료
3.22 진행 중인 영화
3.23 권리 계획의 수정
3.24 재정고문의 의견
3.25 브로커
3.26 배상청구 등의 부재

제 4조 모회사, 합병 자회사 및 합병 LLC의 진술 및 보증
4.1 조직
4.2 모회사·자회사의 대문자 사용
4.3 승인
4.4 동의 및 허가; 위반 사항
4.5 SEC 보고서 및 재무제표
4.6 자금 조달
4.7 회사 보통주의 소유권
4.8 특정 변경의 부재
4.9 관련 법률 준수
4.10 제공된 정보
4.11 세금

제5조 규약
5.1 업무 수행
5.2 권유 금지
5.3 SEC 문서 준비 주주총회
5.4 [생략]
5.5 정보에 대한 접근 기밀성
5.6 상업적으로 합당한 노력
5.7 국가인수법
5.8 배상 및 보험
5.9 공시
5.10 목록
5.11 면세 구조조정 처리
5.12 직원 복리후생 401(k) 계획
5.13 폐장 후 관리 및 운영
5.14 특정 사항의 통지
5.15 특정 소송
5.16 섹션 16에 관한 사항
5.17 모회사 보통주의 보관
5.18 업스트림 합병

제6조 당사자의 의무에 대한 조건
6.1 합병 시행을 위한 각 의무
6.2 회사 의무에 대한 조건
6.3 모회사, 합병회사의 채무 조건

제7조 해지, 수정 및 포기
7.1 종료
7.2 해지의 효력
7.3 지불

제8조 일반
8.1 진술 및 보증의 만료
8.2 공지
8.3 대응물
8.4 완전한 합의
8.5 준거법
8.6 수정 및 보충
8.7 면제
8.8 할당
8.9 제목
8.10 분리 가능성
8.11 포기가 아닌 실패 또는 지연
8.12 특정 성능
8.13 배심원 재판 포기
8.14 관할권에 대한 동의
8.15 전시물의 통합
8.16 합작 투자 없음

그림5-2: 디즈니와 마블의 합병계약서 목차, 2009년 8월 31일 (출처: SEC)

그림5-2는 2009년 8월 21일 디즈니와 마블 간에 체결한 합병계약서의 주요 목차이다. 정확히 말하면 디즈니, 디즈니가 세운 특수목적회사, 그리고 마블 간의 계약서이다. 디즈니는 마블과의 합병을 위해 매버릭(Maverick Acquisition Sub, Inc.)이란 회사를 세웠고 마블은 매버릭과 합병되었다. 이렇게 인수회사의 자회사와 대상회사가 합병하는 것을 삼각합병이라고 한다.

본 계약 및 합병(이하 "계약")은 델라웨어 법인인 월트 디즈니 컴퍼니("모회사"), 델라웨어 법인이자 모회사가 전액 출자한 자회사 매버릭 인수 자회사("Merger Sub"), 단일 주체인 델라웨어 유한책임회사이자 모회사가 전액 출자한 자회사 매버릭 합병 자회사("Merger LLC"), 그리고 델라웨어 법인인 마블 엔터테인먼트("회사") 간에 2009년 8월 31일자로 체결되었습니다.

Source: 디즈니와 마블의 합병계약서에서 서두, 2009. 8. 31.

본 계약서에서 가장 중요한 내용은 디즈니가 마블을 인수하기 위해 마블 주주에게 지불하는 대가와 합병에 관한 사항이다. 그리고 직원에 대한 혜택과 노조에 관한 사항, 지적재산권, 부외부채 등에 관해 협의한 내용을 담고 있다.

● **주요 내용 살펴보기**

주식교환 비율

마블의 보통주는 2.6(a), 2.6(c), 2.6(d)에 규정된 경우를 제외하고 2.10에 따라 조정되는 경우 자동으로 다음의 권리로 전환됩니다.

(i) 이자가 없는 현금 $30.00("현금 대가")

(ii) 0.7452의 교환비율("주식 대가")

Source: 디즈니와 마블의 합병계약서에서 제1조와 제2조, 2009. 8. 31.

계약서 제2조 6항은 마블 주식 한 주당 교환 대가를 정의하고 있다. 디즈니는 마블 주주에게 한 주당 현금 30달러와 디즈니의 주식 0.7452주를 지불하게 된다. 당시 디즈니 주가는 약 27달러에 거래되고 있었다. 따라서 마블 주식 1만 주를 보유했다면 현금 30만 달러와 20만 달러 상당의 디즈니 주식 7천 4백 52주를 받게 된다. 주식교환 비율이 변동되는 경우는 주식교환 전에 디즈니가 다른 주주에게 신주를 발행하거나 무상증자를 실행해 디즈니 주가가 변동될 수 있는 경우나 마블이 자산이나 부채에 영향을 끼치는 이벤트로 마블의 주가가 변동될 수 있는 경우를 말한다.

마블의 지적재산권

마블은 지적재산을 보호, 등록 및 유지하기 위해 모든 법적 및 상업적으로 합당한 조치를 취했습니다. (……) 제3의 회사나 그 자회사가 마블을 대신해 생산 또는 개발에 기여한 지적재산에 대해 마블은 디즈니가 접근할 수 있도록 생산 또는 개발한 회사로부터 합의서 또는 양도에 대한 서면계약을 보유하고 있습니다. (……) 마블은 서면 동의를 갖지 않은 제3자에게 중요한 영업비밀을 누설, 제공 또는 접근할 수 없도록 하는 정책을 가지고 있습니다.

Source: 디즈니와 마블의 합병계약서에서 제3조, 2009. 8. 31.

캐릭터를 개발하고, 캐릭터를 활용해 영화 한 편을 제작하는 작업에는 수많은 관계자들이 관여된다. 이에 따라 지적재산권에 얽혀 있는 이해관계가 매우 복잡해진다. 따라서 디즈니나 마블과 같이 엔터테인먼트 사업을 지닌 회사는 투자계약서에서 지적재산에 관해 매우 명확하고 세세하게 다룰 필요가 있다. 디즈니가 마블을 인수하는 이유는 마블의 지적재산을 활용하기 위함이다. 이를 위해 디즈니는 마블의 지적재산에 관해 명확한 소유권을 가져야 함을 계약서에 명시했다. 또한 제3자가 해당 지적재산에 관여되었을지라도 디즈니가 이를 사용하는 데 어떠한 불편함이나 장애가 있어서는 안 된다는 것을 명확히 하고 있다. 그리고 관련 정보에 대한 기밀유지를 강조했다.

마블의 노조와 직원의 복리후생

마블은 노동 조합, 노동 조직, 직원 조직과의 노동 계약, 단체교섭 계약, 작업 규칙 또는 관행 또는 기타 중요한 노동관련 계약 또는 약정의 당사자가 아니며 이에 구속되지도 않습니다. (……) 디즈니는 본 딜의 종료일로부터 1년 후 기간 동안 마블의 퇴직금 관행을 유지해야 합니다. 마블의 각 직원은 해당 기간 동안 유사한 상황의 디즈니 직원에게 제공된 퇴직금 관행보다 불리하지 않습니다. 전술한 내용과 관련하여 마블의 직원은 복리후생이 중복되지 않는 범위에서 마감일 이전에 마블에서 근무한 전체 년에 대해 크레딧을 받습니다.

Source: 디즈니와 마블의 합병계약서에서 제3조와 제5조, 2009. 8. 31.

실사기간 동안 마블은 디즈니에 노조와 관련된 계약이나 약정이 없다고 밝힌 것으로 추정된다. 이에 따라 디즈니는 마블에 이후에도 이와 관련된 계약이 없어야 한다는 것을 분명히 하고 있다. 한편 디즈니는 마블의 복리후생에 관해 상당히 우호적으로 유지하려는 노력이 보인다. 기존 퇴직금이나 복리후생이 일정 기간 동안 유지될 뿐 아니라 모회사인 디즈니보다 나쁘지 않아야 한다는 것을 명시하고 있다. 디즈니의 우호적인 마블의 조직관리는 이후에도 계속 드러난다. 마블의 주요 임원진을 계속 연임시킬 뿐 아니라 마블에서 계속 근무했던 직원을 또 다른 임원으로 발탁하기도 한다. 아마도 사업의 특성상 인력이 중요한 사업임을 누구보다도 잘 알고 있기 때문에 임직원의 이탈을 방지하기 위해 상당히 우호적인 태도를 취한 것으로 보인다.

마블은 2009년 8월 5일에 SEC에 제출한 2009년 6월 30일자 10-Q의 회사 대차대조표에 반영되거나 유보된 경우를 제외하고, 또한 마블은 제외하고 어떠한 부채도 갖고 있지 않습니다.

(a) 2009년 6월 30일 이후 발생한 부채로 과거 관행과 일치하는 정상적인 사업 과정에서 개별적으로 또는 전체적으로 발생하는 부채.
(b) 본 계약 또는 이에 따라 예상되는 거래와 관련하여 발생하는 부채.

Source: 디즈니와 마블의 합병계약서에서 제3조, 2009. 8. 31.

부채

투자계약서에 반영되어야 하는 중요한 사항 중 하나가 바로 부채이다. 인수기업이 인수한 이후에는 대상기업이 실사기간 인수기업에 밝힌 부채와 그 이후부터 인수하기 전까지 영업상 정상적으로 발생하는 부채 외에 또 다른 부채가 존재해서는 안 된다. 디즈니는 2009년 6월 30일자로 마블의 부채를 고려해 주식가치를 산정했다. 이에 따라 2009년 6월 30일 이후부터 딜이 인수를 완료하는 때까지 영업상 발생하는 부채 외에 다른 부채가 존재해서는 안 된다는 것을 계약서에 명시하고 있다.

SK하이닉스의
인텔 낸드 사업부 인수 편

크로스보더 딜과 자산인수:
SK하이닉스의 인텔 사업부 인수

1. 크로스보더 M&A에서 유의해야 할 것들

카카오는 블록체인 및 웹툰 등 신사업을 필두로 한 해외 시장 확장에 주력할 전망이다. 2021년 9월 23일 카카오의 상반기 반기보고서에 따르면 계열사는 158개(국내 118개, 해외 40개)에 달한다. 2015년 45개였던 카카오 국내 계열사는 지난해 118개로 증가하면서, 지난 5년간 73개가 늘었다. (……) 기존 카카오를 성장시켰던 내수 중심의 인수합병(M&A)에서 벗어나, 해외 시장으로 눈을 돌릴 것이라는 의도가 엿보이는 대목이다.

출처: 「카카오 의장, 국내 계열사 정리. 해외로 눈 돌린다」, 뉴데일리경제, 2021. 9. 23.

기업이 해외에서 M&A를 추진하면 큰 장점들이 따른다. 먼저 국내보다 해외에서 더 많은 기업들을 발굴할 수 있다. 톰슨로이터 통계에 따르면 2010년 이후 최근까지 M&A 시장에서의 거래금액은 전세계적으로 매년 3천조 원에서 4천조 원이 넘는다. 이 중 한국이 차지하는 비중은

1%가 안 된다. 미국이 절반 수준을 차지하고, 유럽, 중국, 일본 등이 순위를 이어 가고 있다. 국내기업이 해외로 눈을 돌릴 경우 그만큼 더 크고 많은 딜이 거래되는 시장으로 진입한다는 것이다.

크로스보더cross-border M&A에 성공한다면 얻게 되는 것들이 꽤 크다. 시장진입을 위해 정부 당국이 요구하는 요건을 이미 갖춘 상태에서 빠른 시간 안에 새로운 시장에 진입할 수 있다. 기술적 측면에서도 국내에서 찾을 수 없는 신기술을 취득할 수 있다는 것 또한 장점이다. 하지만 크로스보더 M&A를 수행하는 데 어려움도 있다. 해외에서 타깃기업을 발굴하려면 매우 다양한 딜 소싱 방법을 동원해야 하며, 타깃기업이 속한 지역의 규제를 파악해야 한다. 또한 성공적인 통합을 이루기 위해 그 나라와 기업의 독특한 문화를 이해해야 한다. 그럼에도 불구하고 국내 기업들의 아웃바운드 딜이 증가하고, 더 많은 기업들이 여기에 관심을 갖는 이유는 그만한 장점이 있기 때문이다.

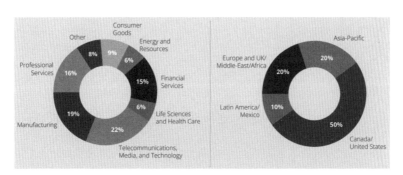

그림6-1: 크로스보더 M&A 섹터와 지역(출처: 딜로이트, Cross-border M&A, 2017)

그림6-1은 딜로이트Deloitte가 500명의 경영진을 대상으로 실행한 설문조사 중 응답자들이 수행했던 크로스보더 M&A 섹터와 지역을 보여 준

다. 섹터 측면에서 보면 통신과 미디어, 그리고 기술 분야에서 가장 많고, 그다음 순서대로 제조, 전문서비스, 금융, 소비재, 생명과학, 에너지 등에서 크로스보더 M&A를 수행했다. 지역적으로 보면 미국이 절반을 차지하며, 다음으로 아시아, 유럽, 남미 순으로 구성되었다.

● **크로스보더 M&A를 하는 이유**

서두에 기사로 소개한 카카오는 국내에서 M&A를 매우 활발하게 진행했던 기업 중 하나이다. 이러한 투자활동으로 카카오는 2021년 9월 기준 158개의 계열사를 두었다. 그러한 카카오가 골목시장까지 침해한다는 정치계와 언론계의 비판에 부딪히면서 카카오톡 기반을 중심으로 한 사업 포트폴리오 확장에 한계를 느꼈다. 이를 극복하기 위해 선택한 방법 중 하나가 크로스보더 M&A이다. 크로스보더 M&A는 카카오가 현재 맞닥뜨린 비판과 카카오톡 플랫폼에서 벗어난 사업확장으로의 연결을 가능하게 하기 때문이다. 이 경우 카카오의 M&A 전략은 스코프^{Scope} 전략이 된다. 카카오톡 기반의 사업확장이 아닌 새로운 사업으로의 확장이기 때문이다.

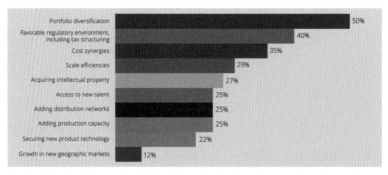

그림6-2: 크로스보더 M&A를 하는 이유 (출처: 딜로이트, Cross-border M&A, 2017)

그림6-2는 딜로이트의 설문 대상자인 경영진 500명이 크로스보더 M&A를 실행한 이유에 답한 결과이다. 가장 큰 이유는 포트폴리오의 다변화를 위해서다. 포트폴리오가 사업인지 제품인지에 대한 명확한 구분은 없다. 둘 중 어느 것과 상관없이 포트폴리오 다변화를 위한 M&A는 성장에 한계를 느낀 성숙기업이 선택할 수 있는 가장 좋은 방법이다. 카카오와 같이 국내 M&A만으로 주력사업 확장의 한계를 느낀다면 크로스보더 M&A가 정답이 될 수 있다. 영국의 아스트라제네카가 미국의 알렉시온을 인수한 것도 제품 포트폴리오의 다변화를 위한 크로스보더 M&A의 사례이다. 국내 SK하이닉스가 미국 인텔 낸드 사업부를 인수한 것도 역시 제품 포트폴리오 확장을 위한 해외기업 인수의 예가 된다.

그다음 이유로는 해당 지역이 규제면에서 우호적인 환경을 제공하기 때문에 해외기업을 인수했다고 밝혔다. 아마도 규제 중 세금 문제가 가장 컸을 것이다. 나머지 크로스보더 M&A를 수행하는 이유는 다음과 같다.

- 원가절감과 규모의 경제 실현
- 지적재산권과 새로운 분야의 인력 확보
- 신기술 확보
- 새로운 시장으로의 진출

크로스보더 M&A는 국내에 존재하지 않는 새로운 기술을 확보하기 위한 최고의 방법이 되기도 한다. 이는 기술이 집약된 바이오 분야, 소프트웨어, 전자 부문, 차세대 자동차 기술 분야 등에 꽤 적합할 수 있다. 현대자동차의 경우 자율주행 기술을 확보하기 위해 아일랜드 회사인 앱티브

Aptiv와 함께 20억 달러를 투자해 미국 뉴욕에 조인트벤처를 설립했다. 자체 기술을 통해, 또는 국내기업 인수를 통해 해당 기술을 확보할 수 없으므로 해외에서 관련 기술을 가진 기업을 찾아 조인트벤처를 설립한 것이다. 앱티브는 뉴욕시장에 상장된 기업으로 시가총액이 50조 원에 육박하는 자동차 부품회사이다. 일반 승용차나 상업용차에 전기, 전자 및 안전기술 솔루션을 제공하는 기술을 보유했으며, 자율주행 기술까지 섭렵하고 있다.

- **크로스보더 M&A에서 유의해야 할 사항**

  통합 과정에서 드러나는 문제점은 국내기업 인수와 해외기업 인수 간에 차이가 크다. 국내기업을 인수해도 실사 때에 발견하지 못했던 위험들이 드러난다. 때로는 문화적 차이를 이해하지 못해 대상기업의 핵심 인력이 대거 이탈하는 경우도 있다. 하물며 언어와 환경이 다른 해외기업을 인수한 후 통합 과정에서 발견되는 위험들은 국내기업을 인수한 경우보다 훨씬 크고 복잡하다. 이러한 위험 완화를 위해 실사의 재조정은 필수이다. 국내기업을 대상으로 하는 실사와 달리 더 다양한 측면에서 더욱 깊게 실사해 타깃기업을 전사적으로 심도 있게 분석해야 한다.

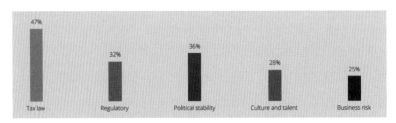

그림6-3: 크로스보더 M&A 실사에서 재조정되어야 할 부분
(출처: 딜로이트, Cross-border M&A, 2017)

그림6-3은 인바운드에 비해 아웃바운드 딜 실사에서 더욱 심도 있게 다뤄야 하는 부문들을 보여 주고 있다. 순서대로 보면 세법, 정치적 안정, 규제, 문화와 인력, 그리고 사업위험이다. 어떤 영역을 중점적으로 할 것인지는 섹터나 지역에 따라 달라질 수 있다. 예를 들어 금융분야는 회계와 세제 부문이 매우 중요할 것이다. 우리 회사의 회계 기준에 맞춰 타깃기업의 자산과 부채를 재평가하면 그 규모가 달라질 수 있기 때문이다. 에너지나 자원 산업은 환경 관련의 법률과 규제 부문에 관한 실사가 중요할 수 있고, 미디어와 엔터테인먼트 산업은 문화와 인력 실사가 중요할 수 있다. 디즈니의 경우 같은 산업과 같은 국가에 있는 기업을 인수했음에도 불구하고, 두 조직 간 기업문화의 차이를 이해하려고 노력했다. 이에 따라 마블의 조직을 흡수하지 않고, 독립된 형태를 유지하는 보존통합의 구조를 선택했다.

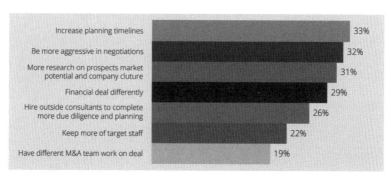

그림6-4: 크로스보더 M&A에서 재조정할 부문 (출처: 딜로이트, Cross-border M&A, 2017)

그림6-4는 크로스보더 M&A를 경험한 경영진 500명이 다시 크로스보더 M&A를 추진할 경우 재조정하고 싶은 영역들을 보여 준다. 순서대로

답변을 정리하면 다음과 같다.

- M&A거래 전후 기획 시간 증대
- 보다 공격적인 협상
- 해당 시장과 기업문화에 대해 더 많은 실사 수행
- 다른 거래가격이나 거래조건
- 타깃기업을 잘 핸들링할 수 있는 외부자문사 고용
- 타깃기업 직원 이탈 방지를 위한 노력
- 국내 M&A팀과 다른 팀원들로 구성

가장 많은 답변은 충분한 시간을 두어 기획단계를 늘리겠다는 것이다. 이는 M&A 전략을 더 신중히 수립하고, 실사결과를 충분히 분석해 더욱 철저한 대응책을 준비하겠다는 것이다. 그에 따라 보다 공격적인 협상을 진행할 수 있고, 거래조건을 달리할 수 있을 것이다. 가령 어떤 딜은 지분을 완전히 인수한 다음 경영진을 전면 교체하는 것이 낫고, 어떤 딜은 주주가 핵심인력이라면 그들의 지분 일부를 남겨 두고 지속적으로 경영에 참여시키는 것이 유리할 수 있다. 또한 해당 회사가 지닌 문화를 파악해 핵심인력 이탈을 방지하는 것도 꽤 중요한 부문으로 꼽혔다. 그리고 실사를 위해 기존의 M&A팀을 해당 국가나 해당 기업에 익숙한 팀원들로 교체하거나, 외부자문사를 고용하겠다는 것도 재고해야 할 것들로 여겨졌다.

2. 자산인수 구조 - SK하이닉스의 인텔 낸드 사업부 인수

> SK하이닉스는 재무자문사로 씨티를 고용했고, 법률자문사로 국내와 미국 최대 로펌인 김앤장과 스캐든, 아프스, 슬레이트, 미거&플롬, 그리고 중국의 팡다 파트너스를 고용했다. 인텔은 재무자문사로 BofA증권을 고용했고, 법률자문사로 멍거, 툴스&올슨, 윌머 커틀러 피커링 헤일&도어, 링크레이터스 LLP, 그리고 태평양 등을 선임했다.
>
> 출처: 「SK하이닉스 인텔 낸드 인수 자문」, 팍스넷뉴스, 2020. 10. 20.

SK하이닉스의 인텔 낸드 사업부 인수는 크로스보더 딜이면서 자산인수의 한 형태이다. 본 사례분석을 통해 자산인수 구조와 크로스보더 M&A 절차를 이해해 보도록 하자.

• 자산인수

SK하이닉스는 인텔을 인수한 것이 아니라 인텔의 한 사업인 낸드 사업을 인수했다. 인텔을 인수한다면 인텔의 주주로부터 인텔 주식을 매입하고, 그들과 주식매매계약을 체결했을 것이다. 하지만 인텔의 낸드 사업부를 인수하는 것이므로 인텔 자체와 투자계약을 맺어야 한다.

그림6-5는 본 딜과 관련된 기사들을 참조해 SK하이닉스가 인수금융을 일으켜 인텔 낸드 사업부를 인수하는 구조를 예상해 본 것이다. 딜 규모가 90억 달러인 점을 감안할 때 SK하이닉스는 자기자본에 외부투자자의 자금을 더해 인수대가를 지불할 가능성이 높다. 이때 SK하이닉스는

SK하이닉스 자체로 자금을 조달하는 방법과 SPC를 설립한 후 SPC로 자금을 조달하는 방법, 또는 두 가지를 모두 혼용하는 방법을 사용할 수 있다. 일반적으로 크로스보더 M&A의 경우 타깃기업이 소재한 곳에 특수목적회사를 설립하고 본 회사로 자금을 조달해 타깃기업을 인수하는 경우가 많다. 다만 SK가 하이닉스를 인수할 때 SK텔레콤이 직접 회사채를 발행해 인수한 것을 참조하면 이번 딜에서도 SK하이닉스가 직접 회사채를 발행할 가능성이 높다.

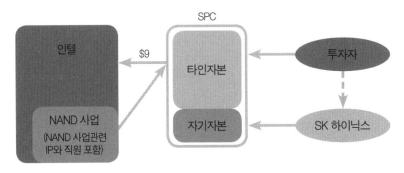

그림6-5: SK하이닉스의 인텔 낸드 사업부 인수 구조 예상 (참조: 인텔, 로이터)

어떤 방법으로 자금을 조달하든 본 딜은 '주식' 인수가 아닌 '자산' 인수이므로 SK하이닉스는 인텔의 주주가 아닌 인텔 자체와 투자계약을 체결해야 한다. 주식은 주주가 소유하지만, 자산은 회사가 소유하고 있기 때문이다. 지분을 사 올 경우 법인을 그대로 인수하지만, 자산을 사 올 경우 본 자산을 담을 법인이 필요하다. 이때 대상자산을 인수회사로 옮기는 방법이 있고, 새로운 법인을 설립해 그 법인으로 옮기는 방법이 있다. 본 딜은 크로스보더 M&A이기 때문에 미국 현지에 새로운 법인을 설립해 새 법인으로 대상자산을 옮기는 것을 고려해 볼 수 있다. 한편 자산인수는 자산 자체만 인수하는 '자산양수도' 형태와, 영업을 인수하면서 영업과 관련된 자산과 인력까지 인수하는 '영업양수도' 형태로 구분할 수 있다. 예를 들어 대상회사가 보유한 공장이나 설비 또는 특허나 저작권만 인수하는 형태가 전자의 경우에 해당된다. 본 딜의 경우 인텔의 낸드사업과 함께 그 영업권, 지적재산권, 유형자산, 임직원을 모두 인수하므로 후자에 해당된다.

이 책이 집필되는 시점에서 본 딜은 아직 진행 중으로 정부 당국의 허가를 기다리고 있다. 허가를 득하면 SK하이닉스는 인텔에 70억 달러를 먼저 지불하고, 몇 년 후 잔금 20억 달러를 지불하면서 딜은 종료된다. 자산인수 형태라는 점을 고려해 본 딜의 흐름을 예측한다면 SK하이닉스는 미국에 법인을 설립해 해당 법인으로 낸드 사업부를 옮기는 것을 계획할 수 있다. 그렇게 될 경우 해당 법인은 기존 인텔의 낸드사업과 관련된 모든 유형자산과 무형자산을 보유하게 될 것이며, 기존 임직원은 해당 법인에 속하게 될 것이다. 또한 두 기업 간 계약에 따라 새 법인의 사명에 당분간 인텔 브랜드를 유지하거나 SK가 정하는 새로운 이름으로 교체할 것이다.

• SK하이닉스의 인텔 낸드 사업 인수 절차

절차 측면에서 볼 때 아웃바운드 딜은 인바운드 딜과 크게 다르지 않다. 그러나 각 절차를 수행하는 방식이 크게 다르고, 각 절차를 어떻게 준비하느냐에 따라 M&A 효과가 달라질 수 있다. 그림6-6은 SK하이닉스가 인텔 낸드 사업을 인수한 절차를 예측해 본 것이다. 타깃기업을 소싱해 실사한 다음 계약 후 통합하는 과정은 국내기업 인수 절차와 다르지 않다.

하지만 실사와 PMI를 수행하는 방식에서 꽤 전략적으로 접근해야 한다.

그림6-6: SK하이닉스의 인텔 낸드 사업부 인수 절차 (참조: 인텔, 로이터)

SK하이닉스가 어떤 경위를 통해 인텔의 낸드 사업부를 인수했는지 드러난 바는 없다. 그러나 인텔이 향후 5G 네트워킹과 인공지능, 그리고 지능형 자율기술에 집중적으로 투자할 것이라는 장기 성장 전략을 고려하면 인텔 측에서 먼저 사업부를 매각하기로 결정했을 것이라고 판단된다. 한편 낸드 부문에서 삼성의 3분의 1에 불과한 점유율을 가진 SK하이닉스에게는 본 딜이 삼성과의 격차를 좁히면서 시장에서 가격 협상력을 가질 수 있는 방법이었을 것이다. 결론적으로 인텔의 낸드 사업 매각은 SK하이닉스의 니즈에 적합했다.

SK그룹은 SK가 하이닉스를 인수하는 것보다 인텔 사업부를 인수하는 것에 더 신중했을 것이다. 인텔 딜이 하이닉스 딜보다 규모가 큰 것도 있지만, 무엇보다 크로스보더 딜이기 때문이다. 따라서 SK는 실사에 상당한 투자와 집중력을 동원해야 한다. 인텔 공시에 의하면 SK하이닉스는 씨티은행을 재무자문사로 선정했고, 스캐든[Skadden], 아프스[Arps], 슬레이트[Slate], 미거&플롬[Meagher & Flom LLP], 케이앤씨[K&C] 그리고 팡다파트너스[Fangda Partners]를 법률자문사로 선정했다. SK하이닉스가 미국과 중국의 대형 로펌들을 자문사로 선정한 이유는 본 딜이 자산인수 형태이면서 크로스보더 거래이기 때문이다. 인텔로부터 낸드 사업을 인수한다는 것은 본 사업부에 소속된 임직원, 관련된 지적재산권, 그리고 고객과의 거래, 즉 영업권을 새로운 법인으로 옮긴다는 것이다. 이 모든 자산들은 인텔 자체와 방대하고 복잡한 계약형태로 존재한다. 또한 본 사업부의 공장은 중국 다롄에 소재해 있다. 본 딜에 대한 정부당국의 허가에는 인텔 본사가 소재한 미국뿐 아니라 공장이 소재한 중국의 이해관계자들까지 포함된다. 법률적으로 조사하고 해결해야 할 부문이 상당할 것으로 예측된다. 한편 인텔은 SK하이닉스와 거래를 하기 위해 뱅크오브아메리카^{BOA} 증권사를 재무자문사로 선정했다. 그리고 멍거^{Munger}, 툴스&올슨$^{Tolles \& Olson LLP}$, 윌머 커틀러 피커링 헤일&도어$^{Wilmer Cutler Pickering Hale and Dorr LLP}$, 링크레이터즈$^{Linklaters LLP}$, 그리고 태평양$^{Bae, Kim \& Lee LLC}$을 법률고문으로 선임했다. 두 회사는 2021년 말까지 정부 당국의 승인을 받아 1차 인수대금 70억 달러를 정리하고, 2025년에 나머지 인수대금을 정리하는 것으로 협의했다.

PMI와 관련해 알려진 것은 아직 없는 것 같다. 하지만 본 딜이 자산인수라는 점과 인수기업과 대상자산이 속한 국가가 다르다는 점을 고려할 때 다음과 같은 흐름을 예측할 수 있다. 먼저 인텔의 낸드 사업부에 속한 직원은 모두 미국에 있다. 물리적으로 한국으로 옮기는 것이 불가능하다. 따라서 SK하이닉스는 미국에 소재한 기존 자회사를 활용하거나 새로운 법인을 설립해 기존 인력들을 해당 법인으로 옮길 것이다. 이는 이들의 거주지뿐 아니라 이들의 문화를 보전하는 방법이기도 한다. 그다음 새 법인의 지분은 SK하이닉스가 100% 소유하게 될 것이다. 따라서 인텔 낸드 사업의 모든 자산과 실적은 이제 SK하이닉스의 재무제표에서 인식될 것이다. 결론적으로 디즈니와 마블의 합병같이 보존통합의 형태를 갖게 될 확률이 높다.

베인캐피탈의
HCA헬스케어 인수 편

PART II
M&A 가치평가

베인캐피탈의 HCA헬스케어 인수가격 300억 달러는 적정한가?

1. M&A 가치평가 방법론

많은 회사의 이사회가 미래현금흐름을 기반으로 하는 현금흐름할인모형을 활용해 가치평가를 수행합니다. 금융시장은 지속적으로 변화하고 있습니다. 바이아웃 사모펀드가 그러한 하나의 예입니다. 이사회는 사모펀드가 M&A 입찰과 관련해 수행하는 그들의 가치평가법을 어느 정도 알고 있을까요? 경험상 극히 소수입니다. 사모펀드 시각에서 사모펀드 기법을 사용하는 그러한 가치평가를 이해할 필요가 있습니다.

출처: Boards should be savvy on private equity valuations, FT, 2021. 9. 8.

앞에서 소개된 기사는 '이사회는 사모펀드 가치평가법에 정통해야 한다'라는 FT의 기사 중 일부를 발췌한 것이다. M&A에 참여하는 많은 기업들이 현금흐름할인법은 사용할 줄 알지만, 변화하는 금융시장에서 사모펀드가 어떤 평가방법론을 사용하는지 잘 모른다는 것을 지적하고 있다. 즉 M&A 시장에서 사모펀드가 차지하는 비중이 점점 많아지는 가운데 사모펀드의 가치평가법을 알아야 할 필요가 있다는 것을 강조하는 것이다. 본 가치평가 파트에서는 현금흐름할인과 EV/EBITDA를 먼저 설명한 다음 바이아웃 사모펀드가 사용하는 LBO 가치평가 모델을 소개하고자 한다.

• M&A에 적합한 가치평가 모델

분류	현금흐름할인 모델	EV/EBITDA 배수 모델
내용	• 기업이 창출하는 미래 현금을 현재 가치로 환산해 평가하는 방법 • 현금흐름은 잉여현금흐름^{FCF}을 사용	• 타깃기업과 비슷한 상장기업들을 찾아 그 기업들의 시장가격을 참조해 타깃기업의 가치를 추정하는 방법

그림7-1: M&A 가치평가 방법론

M&A실무에서 타깃기업의 가치평가에는 두 가지 방법이 사용될 수 있다. 하나는 현금흐름할인(DCF: Discounted Cash Flow) 모델이고, 다른 하나는 EV/EBITDA 배수 모델이다. DCF 모델은 기업이 사업으로 창출하는 미래 현금흐름을 추정한 다음 현재가치로 환산해 그 기업의 가치를 평가하는 방법이다. DCF 모델은 영업현금흐름을 활용하므로 그 가치를 펀더맨털^{fundamental}가치 또는 내재^{intrinsic}가치로 부르기도 한다. 또한 해당기업으로 발생하는 본연의 현금흐름만 반영하므로 절대가치평가법에 속한다. 다른 기업들의 시장가격을 참조하지 않기 때문이다.

$$\text{기업가치} = \sum_{t=1}^{n} \frac{CF^t}{(1+r)^t}$$

n = 사업의 연수
CF^t = t시점의 기대현금흐름
r = 사업의 위험을 반영하는 할인율

한편 어떤 현금흐름을 사용하느냐에 따라 DCF 모델은 세분화될 수 있다. 미래 현금흐름을 배당금으로 보면 본 모델은 배당현금흐름 모델이 되고, 잉여현금으로 보면 본 모델은 잉여현금흐름 모델이 된다. 잉여현금흐름Free Cash Flow이란, 매출에서 원가와 투자를 제한 후 주주와 채권자에게 귀속되는 현금흐름을 의미한다. 실무에서는 잉여현금흐름을 월등히 많이 사용하므로 본 모델을 DCF 모델로 본다.

EV/EBITDA 배수 모델은 타깃기업 가치를 추정하기 위해 타깃기업과 유사한 상장기업들을 선택해 그들의 시장가격을 참조하는 방법이다. DCF 모델과 달리 기업 본연의 현금흐름보다는 비교기업들의 가격을 활용하므로 상대가치평가법에 속한다.

$$\frac{\text{비교 상장기업의 시장가치}}{\text{비교 상장기업의 재무지표}} \times \textbf{타깃기업의 재무지표} = \text{대상기업의 (추정) 가치}$$

EV/EBITDA는 기업가치(EV: Enterprise Value)를 EBITDA로 나눈 배수이다. 기업가치는 주주의 가치와 채권자의 가치를 더한 가치를 의미하며, EBITDA는 영업이익^{EBIT}에 유·무형 감가상각비^{DA}를 더한 이익으로 현금성 영업이익을 뜻한다. 즉 EV/EBITDA는 EV를 EBITDA로 나눈 것으로 현금성 영업이익 1원당 기업가치가 얼마인가를 의미한다.

두 모델이 M&A에 적합한 이유는 두 모델 모두 주식가치가 아닌 기업가치를 계산하는 방법이기 때문이다. 주식가치는 주주의 가치만 의미하지만 기업가치는 주주의 가치와 채권자의 가치를 모두 합한 가치를 의미한다. 기업을 인수할 때 주주에게 지분가치를 주고 주식을 인수하지만 기업에 속한 모든 금융부채까지 떠안게 된다. 다시 말하면 주주의 가치는 지금 먼저 지불하고, 채권자의 가치는 인수한 다음 갚아나간다는 것이다. 이런 의미에서 M&A는 주식가치가 아닌 기업가치를 고려해야 하며, 두 모델은 기업가치를 계산하는 모형이므로 M&A에 적합하다는 것이다. 한편 EV/EBITDA 배수 모델은 상장기업의 시장가격을 참조하므로 주식시장 시세를 반영한다. 여기에는 장단점이 존재하는데 장점은 시장가격을 반영한다는 것이며, 단점은 시장이 왜곡되면 타깃기업의 가격도 왜곡될 수 있다는 것이다. 반면 DCF 모델은 기업 본연의 가치를 반영한다는 장점이 있지만 주식시장 분위기를 반영하지 못한다는 단점이 있다.

● **어떤 방법론을 선택해야 할 것인가?**

투자자의 구분	전략적 투자자	재무적 투자자
투자 목적	• 기존 기업과 시너지 창출 → 지속적 현금흐름 증대에 관심	• 기업가치제고 후 재매각 → 매수가격보다 높은 가격에 매각

그림7-2: M&A 투자자 구분에 따른 투자 목적

같은 기업을 대상으로 DCF 모델을 사용한 평가결과와 EV/EBITDA 배수 모델을 사용한 평가결과는 다를 수 있다. 어쩌면 두 결과가 비슷할 확률이 매우 적을 수도 있다. 그 이유는 두 모델의 방법론이 다르기 때문이다. 일반적으로 주식시장이 과열되면 본질가치에 비해 시장가치가 높아 EV/EBITDA 배수 모델로 평가한 결과가 높을 수 있다. 반대로 주식시장이 침체되면 본질가치에 비해 시장가치가 낮아 DCF 모델로 평과한 결과가 높아질 수 있다. M&A거래에서 DCF 모델과 EV/EBITDA 배수 모델 중 어떤 모델을 사용해야 한다는 원칙은 없다. 그렇다면 어떤 방법론을 사용해야 하는가는 실무자들에게 항상 질문거리가 될 수 있다.

가장 괜찮은 방법 중 하나는 한 방법에 비중을 두고 다른 방법을 보조지표로 사용하는 것이다. 둘 중 어떤 방법에 무게를 둘 것인가는 투자 목적에 따라 결정하는 것이 합리적이다. 그림7-2와 같이 M&A 시장에서 투자자는 두 가지 형태로 구분할 수 있다. 하나는 일반기업과 같은 전략적 투자자(SI: Strategical Investor)이며, 다른 하나는 사모펀드와 같은 재무적 투자자(FI: Financial Investor)이다. 전략적 투자자는 기존 기업과 시너지를 창출하기 위해 다른 기업을 인수하며 그 시너지 결과는 결국 현금흐름의 증가로 나타난다. 따라서 이들에겐 인수한 기업으로부터 창출하는 영속적인 현금흐름이 중요한 투자지표가 된다. 재무적 투자자는 인수한 기업의 가치를 제고해 자본시장에서 높은 가격에 매각하는 것이 투자 목적이다. 투자수익 실현을 위해 매수가격보다 매각가격이 높아야 하며, 그 시점의 시장가격이 중요해진다. 결론적으로 두 투자자의 투자 목적을 고려할 경우 DCF 모델은 전략적 투자자에게 좀 더 적합할 수 있고, EV/EBITDA 배수는 재무적 투자자에게 더 적합할 수 있다.

- 전략적 투자자: DCF 모델에 비중을 두고 EV/EBITDA 배수 모델을 참조
- 재무적 투자자: EV/EBITDA 배수 모델에 비중을 두고 DCF 모델을 참조

그렇다고 해서 한 방법만 사용하고 다른 방법은 배제하는 것은 잘못된 판단에 이를 수도 있다. 공개매각 시장에서 일반기업이 DCF 모델로 얻은 본질가치만 신뢰하다가 EV/EBITDA 배수 모델에 중점을 두는 사모펀드에게 중요한 타깃기업의 인수 기회를 빼앗길 수도 있다. 사모펀드의 경우 EV/EBITDA배수 모델로 평가한 시장가치에만 의존하다가 본질가치보다 너무 높은 가격에 인수해 향후 매수가격보다 높은 가격에 매각하는 것에 어려움을 겪을 수도 있다. 전략적 투자자의 경우 본질가치에 중점을 두되 본질가치보다 너무 높지 않은 한도에서 시장가치를 타깃 범위에 두는 것이 좋은 전략이 될 수 있다. 또한 재무적 투자자에게는 시장가치에 중점을 두되 본질가치를 한참 뛰어넘는 시장가치는 타깃 범위에서 배제하는 것이 좋은 전략이 될 것이다.

2. EV/EBITDA 배수 모델 - HCA헬스케어 인수가격 평가

마라톤석유^{Marathon Petroleum}는 Speedway 주유소 사업을 세븐일레븐 편의점 체인의 일본 소유주에게 210억 달러에 매각하기로 합의했습니다. 세븐일레븐은 미국 세금제도를 사용해 향후 15년 동안 30억 달러를 절약하고, 3년 내 최대 6억 달러의 시너지 효과를 기대한다고 말했습니다. 회사의 실제 인수가격은 EBITDA의 7배에 가까울 것이라고 말했습니다.

출처: 7-Eleven owner to buy Speedway from Marathon Petroleum for $21bn, FT, 2020. 8. 3.

EV/EBITDA 배수 모델은 사모펀드와 같은 재무적 투자자가 선호하는 평가방법론이다. 시장가치평가 모델의 한 방법론으로서 주식시장의 분위기를 반영하기 때문이다. 또한 이후에 다루게 될 LBO 가치평가법을 배우려면 EV/EBITDA 배수 모델의 이해는 필수이다. 다행히 DCF 모델보다 절차가 간소해 이해하는 데 좀 더 수월한 편이다. 본 모델을 이해하려면 먼저 기업가치와 주식가치의 차이점을 구분해야 한다. 이해를 돕기 위해 쉬운 예화를 하나 살펴보자. 그림7-3과 같이 서울 어느 지역에 시세가 같은 아파트 A와 B가 있다.

	아파트 A	아파트 B
시세	10억 원	10억 원
소유주의 주택담보대출	6억 원	2억 원

그림7-3: 시세가 같은 아파트 A와 B

X씨와 Y씨는 위의 시세대로 기존의 소유주가 지고 있는 담보대출을 승계하면서 각각 A와 B를 구매했다. 즉 X는 6억 원의 대출을 승계하면서 자신의 돈 4억 원으로 아파트 A를 구매했고, Y는 2억 원의 대출을 승계하며 8억 원의 자금으로 아파트 B를 구매했다. 이때 X와 Y는 각각 얼마에 아파트를 구매했다고 할 수 있는가? X와 Y가 아파트를 사기 위해 동원한 자금내역은 그림7-4와 같다.

	X의 아파트 A 구매	Y의 아파트 B 구매
기존의 담보대출 승계	6억 원	2억 원
새 소유주의 자기자본	4억 원	8억 원

그림7-4: X와 Y의 아파트 구매 내역

위 질문에 대한 답은 X와 Y 모두 10억 원에 구매했다. X와 Y의 자기자본은 각각 4억 원, 8억 원이지만 아파트 가격은 모두 10억 원이며, X와 Y는 모두 이 가격에 아파트를 인수한 것이다.

• 기업가치

그림7-4의 개념을 기업에 적용할 수 있다. 두 아파트를 각각 기업 A와 B로 볼 경우 A와 B의 기업가치, 즉 EV는 모두 10억 원이다. 그리고 A와 B의 주식가치, 즉 주주의 가치는 각각 4억 원, 8억 원이다. A의 담보대출 6억 원과 B의 2억 원은 은행에 귀속된 가치, 즉 채권자의 가치이다. 이 개념을 반영해 기업가치와 주식가치의 관계는 다음과 같다.

기업가치 = 채권자의 가치 + 주주의 가치

간혹 기업가치와 주식가치가 구별 없이 사용되는 경우가 있다. 그러나 두 가치는 결코 같지 않다. 기업가치는 주주의 가치와 채권자의 가치를 합한 가치이며, 주식가치는 주주의 가치만 의미한다. M&A 관점에서 기업가치와 주식가치의 구별은 매우 중요하다. 위 아파트 사례와 같이 투자자는 기업을 인수할 때 기존 주주에게 주식가치를 지불하고 기업에 속한 부채, 즉 채권자의 가치는 떠안게 된다. 투자자 입장에서 기업가치를 주고 기업을 인수하는 것이다.

● EBITDA

그림7-5: 재무상태표 항목과 채권자 및 주주의 가치 관계

EV는 EBITDA를 발생시키는 자본의 시장가치로 해석될 수 있다. 그림7-5를 통해 이해해 보자. EV는 재무상태표의 대변에 속한 금융부채와 자기자본의 시장가치를 합한 금액이다. 그리고 각각의 이해관계자는 채권자와 주주이다. 이 두 이해관계자의 자본으로 매출을 창출해 이자는 채권자에게, 당기순이익은 주주에게 귀속된다. 따라서 EV는 영업이익을, 자기자본은 당기순이익을 발생시킨다고 할 수 있다.

한편 실제 현금유출이 발생하지 않은 대표적인 비용이 유·무형 감가상각비이다. 유·무형 감가상각비는 자본적지출로 이미 유출된 현금을 사후에 회계적으로 인식하는 비용이다. 영업이익에 본 두 상각비를 더한 이익을 EBITDA라고 하며, 이것을 EV가 발생시킨 수익지표로 사용한다. EBITDA는 순이익에 이자, 법인세, 유·무형자산 상각비를 더해 계산할 수 있지만, 영업이익에 유·무형자산 상각비를 더하는 쉬운 방법을 자주 사용한다. 영업이익 후에 발생하는 비경상적 손익은 말 그대로 경상적이지 않기 때문에 발생하지 않은 것으로 간주하는 것이다.

EBITDA = 순이익 + 이자 + 세금 + 유·무형자산 상각비 ≈ 영업이익 + 유·무형자산 상각비

- EV/EBTIDA배수

$$EV/EBITDA = \frac{자기자본의\ 시장가치 + 금융부채의\ 시장가치 - 현금성자산}{EBITDA}$$

EV = 자기자본의 시장가치 + 금융부채의 시장가치 - 현금성자산
= 자기자본의 시장가치 + 순부채

EV/EBITDA는 EV를 EBITDA로 나눈 배수이다. 분모의 EV는 자기자본과 금융부채의 시장가치에서 현금성자산을 제한 값인데 여기서 현금성자산을 제하는 이유는 두 가지이다. 하나는 EBITDA에 이자비용은 포함되지만 현금성자산으로부터 발생한 이자수익은 더하지 않는다. 따라서 현금성자산을 제하지 않으면 EV/EBITDA는 과대평가되는 구조를 갖

고 있다. 다른 하나는 현금성자산으로 금융부채를 갚은 후 남은 금융부채만 고려하는 것이다. 이 개념은 기업을 인수하는 투자자 입장에서 보면 좀 더 쉬워진다.

1. 금융부채 100억 원을 보유한 기업 A를 주식가치 100억 원에 인수했다. 이 경우 기업 A를 200억 원에 매수한 것이다.
2. 한 가지 가정을 더해 보자. 기업 A는 50억 원의 현금을 보유했고 다른 모든 상황은 1과 같다. 이 경우 투자자는 기업 A를 총 150억 원에 매수한 것이다. 인수자는 기업 A를 100억 원에 인수한 후 A가 보유한 50억 원으로 금융부채 100억 원 중 50억 원을 갚을 수 있기 때문이다.

• EV/EBITDA배수 모델로 M&A 가치평가

대상기업의 기업가치 = 비교 상장기업의 EV/EBITDA × 대상기업 EBITDA

EV/EBITDA는 M&A 가치평가에 적합한 상대가치평가 모델이다. EV/EBITDA 배수 모델의 결과가 기업가치이며 이는 주주에게 지불하는 주식가치와 승계하는 부채가치를 모두 포함하기 때문이다. EV/EBITDA 배수는 또한 기업 인수에 투자한 자본을 회수하는 데 걸리는 연수를 의미하기도 한다. 예를 들어 EBITDA가 20억 원인 기업 A의 EV가 100억 원이라고 하자. A를 인수한 매수자는 EBITDA 20억 원을 5년간 회수하면 A를 사기 위해 사실상 지불한 주식가치와 부채가치 100억 원을 모두 회수할 수 있다.

그림7-6: EV/EBITDA 배수 모델을 활용한 M&A 가치평가 절차

그림7-6은 EV/EBITDA를 활용한 M&A 가치평가 절차로서 다음과 같다.

1. 먼저 타깃기업과 비교할 상장기업들을 선정하고 이들의 평균 EV/
   EBTIDA를 계산한다.
2. 타깃기업의 EBITDA를 계산하거나 추정한다.
3. 비교기업군의 EV/EBITDA와 타깃기업의 EBITDA를 곱해 타깃기업
   의 EV를 추정한다.
4. 추정한 EV로부터 주주에게 지불할 주식가치를 산출한다.

본 네 단계를 따라 사모펀드 군단의 HCA헬스케어 인수 사례에 EV/
EBITDA 배수 모델을 적용해 그들의 인수가격 적정성을 평가해 보도록
하자.

• 사례분석: HCA헬스케어 인수가격 평가

KKR을 비롯한 사모펀드 그룹이 HCA헬스케어를 인수한 사례를 다
시 한번 살펴보자. 2006년 11월 17일 투자그룹은 HCA헬스케어의 지분
100%를 LBO방식으로 인수했다. 이때 딜의 규모는 부채 $11.7b를 포함

해 $32.9b이었다. 따라서 $32.9b는 기업가치이며 여기서 부채가치를 제외한 $21.2b, 현재 원화로 약 25조 원이 주식가치에 해당된다. 그림7-6이 제시하는 네 단계의 M&A 가치평가 절차를 따라 HCA헬스케어의 주식가치를 평가해 2006년도의 주식매입 비용 $21.2b이 적정했었는지를 평가해 보도록 하겠다.

1단계: 비교기업 선정 후 비교기업의 EV/EBITDA 산출

HCA헬스케어 섹터는 미국과 영국에서 병원 프랜차이즈 사업을 영위하므로 헬스케어 시설에 해당된다. 본 회사의 비교기업을 선정하기 위해 그림7-7과 같이 파이낸셜타임즈[FT]가 제시하는 일곱 개의 기업을 선정했다. 그리고 비교기업군의 EV/EBITDA를 계산하기 위해 야후 파이낸스를 참조했다. 2021년 10월 초 기준으로 일곱 기업의 평균 EV/EBITDA는 8.83으로 계산되었다.

Company Name	EV	As of Oct. 2021 EV/EBITDA
Cigna Corp	96.80	9.68
Humana Inc	40.57	9.56
Centene Corp	42.28	4.79
Laboratory Corp. of Ar	31.55	6.44
Teladoc Health Inc	20.68	12.70
Quest Diagnostics Inc	21.96	6.73
Molina Healthcare, Inc	11.35	11.88
Average		8.83

그림7-7: HCA헬스케어의 비교기업 EV/EBITDA 계산 (출처: FT, 야후 파이낸스)

2단계: 타깃기업의 EBITDA 계산 또는 추정

다음으로 HCA헬스케어의 EBITDA를 계산해야 한다. EBITDA를 산정하는 방법은 크게 세 가지로 과거 실적 활용, 미래 실적 활용, 또는 두 가지를 혼합하는 것이다.

- 과거 실적 활용: 전년도, 또는 최근 4분기나 12개월, 또는 과거 n개년도의 평균이나 가중평균 EBITDA를 사용
- 미래 실적 활용: 익년도, 또는 다음 4분기나 12개월, 또는 미래 n개년도 추정 후 평균이나 가중평균 EBITDA를 사용
- 과거와 미래의 혼합: 예를 들어 과거 2년간과 익년도 예측치의 평균, 또는 직전 연도와 익년도 예측치의 평균 등

				$, million
Part of Income Statement	2003	2004	2005	2006 (E)
Revenue	21,808	23,502	24,455	25,477
Adjusted EBITDA	**3,921**	**3,966**	**4,278**	**4,470**
Part of Balance Sheet	2003	2004	2005	2006 (E)
Total Assets			22,225	
Cash and cash equivalents			336	
Long Term Investments			-	
Total Liabilities			17,362	
Total Debt			10,475	
Total Equity			4,863	

그림7-8: EBITDA 계산을 위한 HCA헬스케어 요약 재무제표

어느 시점의 EBITDA를 선택할 것인가는 평가자가 정성적으로 판단하되 향후 수익의 방향성을 고려해 사용하는 것이 논리적이다. 성장기

업의 경우 현재보다 미래 EBITDA가 높을 것이다. 큰 변동 없이 꾸준히 수익을 창출하는 성숙기업의 경우 과거 실적으로 가까운 미래를 추정할 수 있다. 만약 쇠퇴기에 접어들었다면 미래에 감소할 수익을 반영하는 것이 합리적일 것이다.

HCA헬스케어는 성숙기업으로 EBITDA 변동성이 높지 않지만 2005년 말 기준으로 과거 3년간 꾸준히 성장했다. 따라서 본 성장세를 감안해 딜 시점에서 최근 연도인 2005년 EBITDA $4,278m과 익년도인 2006년 EBITDA $4,470m 두 개를 사용해 기업가치 범위를 추정해 보겠다.

3단계: 타깃기업의 EV 산출

Case 1			Case 2		
EBITDA in 2005	$ 4,278	million	Estimated EBITDA in 2006	$ 4,470	million
EV/EBITDA of the peer group	8.83		EV/EBITDA of the peer group	8.83	
EV	$ 37,756	million	EV	$ 39,451	million
Non-operating assets	$ 159	million	Non-operating assets	$ 159	million
Total EV	**$ 37,915**	**million**	**Total EV**	**$ 39,610**	**million**
Total Debt	$ 10,475	million	Total Debt	$ 10,475	million
Cash and Cash equivalents	$ 336	million	Cash and Cash equivalents	$ 336	million
Equity Value	$ 27,776	million	Equity Value	$ 29,471	million

그림7-9: HCA헬스케어의 기업가치와 주식가치 계산

그림7-9의 좌측 컬럼에는 2005년도 EBITDA를, 우측 컬럼에서는 딜 시점에서 미래인 2006년도 EBITDA를 이용했다. 각 EBITDA에 비교기업군의 EV/EBITDA 배수를 곱하면 타깃기업의 기업가치가 산출되는데, 여기에선 약 $37.7~39.4b의 결과를 얻었다. 여기서 중요한 것은 이렇게 얻은 기업가치^{EV}는 영업용 기업가치라는 것이다.

타깃기업의 '영업용' 기업가치 = 비교기업의 EV/EBITDA × 대상기업 EBITDA

EBITDA는 영업활동으로 얻은 이익이므로 EBITDA를 활용한 결과는 영업가치만 반영한다. EBITDA와 상관없는 비영업용자산은 대차대조표의 자산항목에서 찾을 수 있다. 여기에는 투자목적의 장단기 증권, 투자목적의 유형자산이나 건설 중인 자산 등이 포함된다. 이러한 비영업용자산의 가치가 영업가치에 더해져야 비로소 전체 기업가치가 산출된다.

전체 기업가치 = 영업용 기업가치 + 비영업용 기업가치

영업용 기업가치 = 비교기업군의 EV/EBITDA × 대상기업의 EBITDA

HCA헬스케어의 경우 2005년 시점에 약 \$159m의 비영업용자산을 보유했다. 따라서 영업용 기업가치와 비영업용 기업가치를 더하면 \$37.9~39.6b에 이른다. 2006년 실제 딜 규모는 \$32.9b라고 했다. 현 시점에서 계산된 HCA헬스케어의 기업가치보다 \$5.0~6.7b이 낮다. 따라서 현재 EV/EBITDA 배수 모델로 평가해 볼 때 KKR을 비롯한 사모펀드 군단의 HCA헬스케어 인수는 성공적이었다고 평가할 수 있다.

4단계: 타깃기업의 주식가치 계산

EV/EBITDA를 활용할 경우 매수자가 매도자에게 지불해야 하는 주식가치, 즉 자기자본의 시장가치를 구하려면 한 단계의 계산이 더 필요하다. 기업가치로부터 주식가치를 구하는 공식은 다음과 같다.

기업가치 = 자기자본의 시장가치 + 순부채

↓

자기자본의 시장가치 = 기업가치 - 순부채

순부채 = 금융부채의 시장가치 - 현금

　　HCA헬스케어는 2005년 말 기준 $10.4b의 금융부채와 $336m의 현금을 보유하고 있었다. 따라서 이 시점에 HCA헬스케어의 순부채는 $10.1b이다. 한편 순부채가 마이너스인 경우가 있는데, 이것은 회사가 금융부채보다 보유한 현금이 많다는 것이다. 그림7-9와 같이 HCA헬스케어의 기업가치에서 순부채를 뺀 주식의 시장가치는 약 $27.7~29.4b에 이른다. 투자그룹이 100% 지분을 인수하기 위해 실제로 지불한 가격은 $21.2b였다. 따라서 현 시점의 EV/EBITDA 배수 모델로 평가할 때 투자그룹은 $6.5~8.2b 정도 더 낮은 가격으로 지불했다.

3. DCF 모델 - HCA헬스케어 인수가격 평가

포스코플랜텍 소액주주로부터 촉발된 법정 공방이 새삼 주목받는다. 유암코는 지난해 5월 포스코플랜텍의 유상증자에 참여, 액면가 500원인 신주 1억 2000만 주를 600억 원에 매입했다. 소액주주 측은 이 신주 발행가격이 포스코플랜텍의 기업가치 대비 턱없이 낮다는 의견이다. 소액주주 측은 2019년 포스코플랜텍의 주당 순이익(128원)에 업계 평균 주가수익비율(PER)를 대입하면 2,000원대 값이 나온다고 주장하고 있다. 시장에서는 현금흐름할인법(DCF)으로 기업가치(enterprise value · EV)를 구한 뒤 순차입금을 차감, 지분가치(equity value)를 산출할 것으로 보고 있다. 다만 이 과정에서 회계법인의 추정이 적잖이 반영될 수밖에 없다는 것이 투자은행(IB) 업계 관계자의 설명이다.

참조: 「유암코에 뿔난 포스코플랜텍 소액주주」, 더벨, 2021. 5. 18.

M&A 실무 서적에서 DCF 모델을 자세히 다루기는 사실 어렵다. 상대가치평가에 비해 절차가 복잡하며 각 절차마다 설명해야 할 개념이 상당히 많기 때문이다. 본 책에서는 DCF 모델 전체를 다루기보다는 M&A 실무에 필요한 이론을 먼저 설명한 다음 HCA헬스케어를 사례로 들어 DCF 모델을 이해하는 것을 목적으로 설명하고자 한다.

• DCF 모델의 활용

$$\text{회사가치} = \sum_{t=1}^{n} \frac{FCF^t}{(1 + WACC)^t}$$

n = 사업의 연수

FCF^t = t시점의 잉여현금흐름

WACC = 가중평균자본비용

위 공식과 같이 기업으로부터 기대되는 미래 잉여현금흐름을 추정해 이것들을 현재가치로 환산한 다음 모두 더하면 회사가치를 구할 수 있다. 그런데 잉여현금흐름에는 두 가지가 있다. 주주에게 귀속되는 주주 잉여현금흐름(FCFE: Free Cash Flow to Equity)과 주주와 채권자 모두에게 귀속되는 회사잉여현금흐름(FCFF: Free Cash Flow to Firm)이다. FCFE를 사용해 가치평가를 하면 주식가치를 얻고, FCFF를 사용하면 회사가치를 얻게 된다. 회사가치는 기업가치로 이해하면 된다. 기업가치^{Enterprise Value} 용어는 EV/EBITDA 배수 모델에서 비롯되었고, 회사가치^{Firm Value}는 FCFF 모델에서 비롯되었다. 둘 다 주주의 가치와 채권자의 가치를 더한 전체 이해관계자의 가치를 대변한다는 점에서 동일하다. 중요한 것은 전 단원에서 언급했듯이 M&A 가치평가는 기업가치 관점에서 봐야 하며, 기업가치를 구하려면 FCFF를 사용해야 한다는 것이다.

한편 마켓데이터를 제공하는 사이트나 정보서비스 업체들이 주주잉여현금흐름^{FCFE}이나 회사잉여현금흐름^{FCFF}을 구분하지 않고 잉여현금흐름 또는 FCF까지만 표기하는 경우가 많다. 이런 경우 잉여현금흐름^{FCF}을 회사잉여현금흐름^{FCFF}으로 보면 된다. 실무에서도 FCFE보다 FCFF를 많이 사용하며 회사잉여현금흐름[FCFF]을 짧게 잉여현금흐름[FCF]으로 부르는 경우가 많다. 본 단원에서도 FCFF를 FCF로 표기하도록 하겠다.

그림7-10: DCF 모델을 활용한 M&A 가치평가 절차

DCF 모델도 EV/EBITDA 배수 모델과 같이 영업가치를 먼저 구한 다음 회사가치를 계산하고, 회사가치에서 주식가치를 도출하게 된다. 먼저 타깃기업의 미래 FCF와 할인율을 계산해 회사의 영업가치를 산출하고, 여기에 비영업용자산을 더해 회사가치를 계산한다. 그다음 회사가치에서 금융부채를 빼고 지분율과 경영권프리미엄을 고려해 주주에게 지불할 주식가치를 산출하면 된다. 그림7-10의 절차를 따라 FCF를 활용한 M&A 가치평가를 이해해 보자.

1. FCF의 계산

DCF 모델의 첫 번째 작업은 대상기업의 잉여현금흐름[FCF]을 추정하는 것이다. 잉여현금흐름이란 회사에 자금을 제공한 모든 이해관계자에게 귀속되는 현금흐름을 의미한다. 이해관계자는 주주와 채권자이다. 좀 더 자세히 말하며 보통주주, 우선주주, 은행, 채권자 등이 될 수 있다.

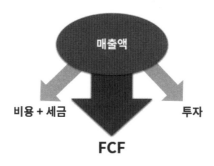

그림7-11: 매출에서 FCF로의 흐름

FCF는 그림7-11과 같이 매출에서 원가와 투자를 제한 후 주주와 채권자에게 돌아가는 현금흐름이다. 더 쉬운 이해를 위해 매출에서 FCF로 도달하는 과정을 순차적으로 살펴보자.

1. **영업이익:** 올해 발생한 매출액에서 해당 매출을 창출하기 위해 발생한 비용을 제외하면 영업이익이다. 본 영업이익은 채권자에게 지급할 이자와 주주에게 지급할 배당금을 포함하고 있다.

2. **영업이익 × (1 - 법인세율):** 과세대상 이익에 대해 세금이 부과된다. 세금은 실질적인 현금유출이므로 영업이익에서 제외된다.

3. **영업이익 × (1 - 법인세율) + 유·무형 감가상각비:** 고정자산에 대한 감가상각비는 실제 현금으로 유출된 비용이 아니다. 고정자산에 대한 지출은 현금흐름표에서 이미 인식했다. 실제 현금흐름을 반영하려면 본 감가상각비는 영업이익에 더해져야 한다.

4. **영업이익 × (1 - 법인세율) + 유·무형 감가상각비 - (운전자본 증감액 + 자본적지출):** 매출 증대를 위해 투자가 필요하다. 투자는 크게

두 가지로 구성된다. 하나는 매출액이 증가함에 따라 증가하는 운전자본 투자이며, 다른 하나는 미래 추가적인 수익 증대를 위한 자본적지출이다. 본 투자를 제외하면 비로소 주주와 채권자에게 귀속될 수 있는 현금이 남게 된다.

정리하면 매출에서 비용, 세금, 재투자를 제한 다음 감가상각비를 더하면 주주와 채권자에게 귀속되는 현금흐름이 되며 이것을 잉여현금흐름이라고 한다.

FCF = 영업이익 × (1 - 법인세율) + 감가상각비 -

(운전자본 증감액 + 자본적지출)

FCF는 영업이익뿐 아니라 순이익이나 EBITDA 또는 영업현금흐름^{CFO}을 기준으로 계산할 수도 있다. 어떤 항목을 기준으로 하는가에 따라 FCF 값은 달라진다. 그 이유는 예를 들면 순이익은 영업외손익을 포함하지만 영업이익은 이것들을 포함하지 않기 때문이다. 다른 항목을 기준으로 FCF를 계산하는 방법은 다음과 같다.

FCF = 당기순이익 + 이자비용 × (1 - 법인세율) +

감가상각비 - (운전자본 증감액 + 자본적지출)

FCF = EBITDA (1 - 법인세율) +

(감가상각비 × 법인세율) - (운전자본 증감액 + 자본적지출)

$$\text{FCF} = \text{CFO} + \text{이자비용} \times (1 - \text{법인세율}) - \text{자본적지출}$$

2. 가중평균자본비용 구하기

미래 잉여현금흐름을 현재가치로 환산하려면 할인율이 필요한데 이때 할인율은 가중평균자본비용으로 사용한다. 가중평균자본비용 (WACC: Weighted Average Cost of Capital)이란 회사가 조달한 타인자본과 자기자본을 시장가치로 환산해 각 자본비용을 비중대로 가중평균한 것이다. FCF는 주주와 채권자의 가치를 합한 회사가치이므로 두 가지 비용을 모두 사용해야 한다.

$$\text{WACC} = K_e \times \left[\frac{E}{(D+E)} \right] + K_d^{\text{after-tax}} \times \left[\frac{D}{(D+E)} \right]$$

K_e, $K_d^{\text{after-tax}}$: 자기자본비용, 세후 부채비용
D, E: 부채의 시장가치, 자기자본의 시장가치

자본의 시장가치를 사용하는 이유는 기업은 시장가치에 근거해 자본을 조달하기 때문이다. 주식의 경우 최근 주가에 기반해 신주를 발행하고, 채권의 경우 발행 직전의 신용등급에 따라 금리가 결정된다. WACC를 구하는 절차는 먼저 타깃기업의 자본구조를 파악하고, 부채비용과 자기자본비용을 계산해 자본의 비중대로 각 비용을 곱하면 된다. 그림 7-12는 HCA헬스케어의 WACC를 계산한 내역이다.

	As of the end of 2005 (m)	Source or Note
Total debt (D)	$10,475	
Market value of total equity (E)	$29,471	
Tax rate	33.8%	2005 Annual report
Proportion of Debt	26.2%	D/(D+E)
Proportion of Equity	73.8%	E/(D+E)
K_d	6.50%	2005 Annual report
R_f	1.48%	As of Sep 2021, Bloomberg
β (5Y Monthly)	0.75	As of Sep 2021
Market premium	5.50%	As of Sep 2021, statista
K_e	5.59%	
WACC	5.25%	

그림7-12: HCA헬스케어의 WACC 계산

먼저 2005년 말 기준으로 HCA헬스케어의 자본구조는 부채 26.2%와 자기자본 73.8%로 구성되었다. 금융부채는 장부가치와 시장가치가 비슷하므로 2005년 연간보고서를 참조했고, 자기자본의 시장가치는 전 단원에서 EV/EBITDA 배수 모델로 계산한 내역을 참조했다. 또한 연간보고서에 의하면 HCA헬스케어의 평균 부채비용은 6.50%에 달한다. 만약 보고서에 부채비용이 없을 경우 손익계산서의 이자비용을 재무상태표의 금융부채 총액으로 나누면 대략적인 수치를 얻을 수 있다. 그림7-12는 HCA헬스케어의 자기자본비용 추정을 위해 자본자산가격결정모형 [CAPM]을 활용한 것을 보여 준다.

$$K_e = R_f + \beta_i (R_m - R_f)$$

K_e: 자기자본비용, R_f: 무위험이자율, R_m: 마켓포트폴리오 m의 수익률,
$R_m - R_f$: 시장프리미엄, β: 체계적위험 또는 시장위험에 따른 주식 i의 민감도

HCA헬스케어는 미국기업이므로 미국 시장정보를 활용했다. 무위험이자율은 블룸버그로부터 미국 10년 만기 국고채수익률을 참조했고, 베타[β]는 전 단원에서 소개한 비교기업들의 평균베타를 사용했으며, 마켓프리미엄은 Statista가 제공하는 미국 시장프리미엄을 참조했다. 그 결과 HCA헬스케어의 자기자본비용은 5.59%(= 1.48% + 0.75 × 5.50%)로 계산되었다. 금융부채와 자기자본의 비중대로 각 자본비용을 가중평균한 결과 WACC는 5.25%로 계산되었다. WACC공식을 적용해 계산 내역을 다시 한번 정리하면 다음과 같다.

$$5.25\% = 6.50\% \times (1 - 33.8\%) \times (\$10,475m\ /\ \$39,946m) + 5.59\% \times (\$29,471m\ /\ \$39,946m)$$

3. 영업가치에서 전체 회사가치와 주식가치로의 계산

$$회사가치\ (영업가치) = \sum_{t=1}^{n} \frac{FCF_t}{(1 + WACC)^t}$$

대상기업으로부터 미래 기대되는 모든 FCF를 현재가치로 계산해 모두 합하면 회사가치가 도출된다. 유의할 점은 FCF로 산출한 회사가치는 기업의 영업가치만 반영한다는 것이다. 전체 회사가치를 구하려면 본 영업가치에 비영업용자산의 가치를 더해야 한다. 이것을 이해하기 위해 FCF 계산공식을 다시 한번 살펴보자.

FCF = 영업이익 × (1 - 법인세율) + 감가상각비 - 운전자본 증감액 - 자본적지출

    기업의 자산은 영업용도에 따라 두 가지로 나뉠 수 있다. 하나는 영업용자산, 다른 하나는 비영업용자산이다. FCF를 산출하기 위해 사용한 다섯 가지 펀더멘털 요소는 영업용자산으로부터 발생하는 항목들이다. 그 항목에는 초과 보유한 현금이나 금융자산, 또는 단순히 투자 목적으로 보유한 유형자산 등을 포함하지 않는다. 따라서 FCF를 사용해 산출한 회사가치는 영업용자산에서 비롯된 회사가치, 즉 영업가치이다. 전체 회사가치를 구하려면 본 영업가치에 비영업용자산의 가치를 더해 줘야 한다. 그림7-13은 재무상태표를 통해 회사가치의 구성과 주식가치의 관계를 보여 주고 있다.

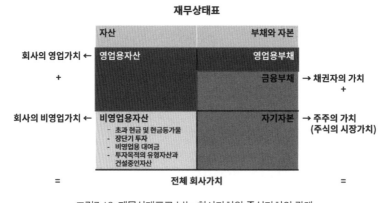

그림7-13: 재무상태표로 보는 회사가치와 주식가치의 관계

    그림7-13은 기업 자산을 영업용자산과 비영업용자산, 부채는 영업용부채와 금융부채로 구분했다. FCF를 활용한 회사가치는 그림7-13의 영

업용자산과 영업용부채를 운영해 얻은 기업가치, 즉 영업가치이다. 따라서 전체 회사가치를 산출하려면 영업가치에 비영업용자산의 가치를 더해야 한다. 이것은 다음과 같이 그림7-13의 좌측인 자산의 영업적 측면을 설명한다.

전체 회사가치 = 영업가치 + 비영업가치

비영업용자산에는 초과 보유한 현금성자산, 장단기 투자금융상품, 비영업용 대여금, 그리고 영업 목적이 아닌 투자 목적의 유형자산과 건설 중인 자산이 포함된다. 한편 그림7-13의 우측은 재무상태표의 자본조달 측면으로서 채권자와 주주의 가치를 설명한다.

전체 회사가치 = 채권자의 가치 + 주주의 가치

회계의 좌측 차변과 우측 대변에 관한 기본적 공식은 차변의 자산은 대변의 부채와 자기자본의 합이 같다는 것이다. 재무상태표의 차변과 대변이 같다는 기본적 논리에 기업의 영업 측면 가치와 이해관계자 가치를 대입하면 다음과 같은 공식이 성립될 수 있다.

자산 = 부채 + 자기자본

↓

영업가치 + 비영업가치 = 금융부채의 시장가치 + 주식의 시장가치

위 공식을 주식의 시장가치 중심으로 재배치하면 다음과 같다.

주식의 시장가치 = 영업가치 + 비영업가치 - 금융부채의 시장가치

영업가치 = FCF로 계산한 기업가치

FCF를 활용해 주당 주식가치를 구한 다음 주주에게 지불해야 하는 지분가치를 계산하는 과정을 다시 한번 정리해 보자.

1. 미래 FCF와 WACC를 추정해 회사의 영업가치를 산출한다.
2. 회사의 비영업가치를 더해 전체 회사가치를 계산한다.
3. 전체 회사가치에서 금융부채를 제해 주식의 시장가치를 도출한다.
4. 여기에 지분율과 경영권프리미엄을 반영해 주주에게 지불할 지분가치를 계산한다.

• **사례분석: DCF 모델로 HCA헬스케어의 주식가치 계산**

				million
	2005	2006 (E)	2007 (E)	2008 (E)
EBITDA	$4,278	$4,470	$4,592	$4,574
Tax	-$162	-$552	-$105	-$448
Changes in Working Capital	$392	-$662	-$675	$248
Capital Expenditure	-$1,718	-$1,977	-$1,476	-$1,685
FCF	$2,790	$1,279	$2,336	$2,689

그림7-14: HCA헬스케어의 FCF 계산 (출처: HCA헬스케어 연간보고서)

그림7-14는 EBITDA를 기준으로 HCA헬스케어의 FCF를 계산한 내역

을 보여 준다. 딜이 발생한 2006년을 현재 시점으로 보면 최근 회계년도가 2005년 말이며, 2006년부터 2008년은 미래 3년이 된다. 그림7-14에 사용된 재무수치들은 HCA헬스케어의 연간보고서에서 가져온 것들이다. 실제 딜에서는 이 모든 것들을 추정해야 한다. 본 사례에서는 향후 3년간의 FCF만 추정했으므로, 그 이후에 발생하는 FCF는 일정한 비율에 따라 성장한다는 것을 가정해야 한다.

$$77{,}966 = \frac{1{,}279}{(1 + 5.25\%)^1} + \frac{2{,}336}{(1 + 5.25\%)^2} + \frac{2{,}689}{(1 + 5.25\%)^3} + \frac{84{,}342}{(1 + 5.25\%)^3}$$

위 수식은 그림7-14에서 추정한 FCF와 그림7-12에서 계산한 WACC를 이용해 HCA헬스케어의 영업가치를 계산한 내역이다. 본 수식의 우측 마지막 분모에 있는 84,342는 FCF가 4년째부터 2%의 성장률을 따라 영속적으로 성장한다는 것을 가정해서 구한 것이다. DCF 모델에서는 이것을 잔존가치(TV: Terminal value)라고 한다.

$$TV_n = FCF_{n+1} / (WACC - g_n)$$

TV_n: n시점의 잔존가치, FCF_{n+1}: n+1시점의 잉여현금흐름 $[FCF_n \times (1 + g_n)]$,
WACC: 가중평균자본비용, g_n: n시점 이후 영속성장률

잔존가치란 FCF를 추정한 기간 이후에 발생하는 모든 FCF를 합한 가치를 말한다. 다음 수식과 같이 n시점의 잔존가치를 구하려면 익년도인 n+1시점의 FCF를 WACC와 영속성장률의 차액으로 나눠 주면 된다.

$$84,342 = 2,689 \times (1 + 2\%) / (5.25\% - 2\%)$$

HCA헬스케어의 경우 2008년도의 잔존가치 $84,342m는 2009년도의 추정 FCF인 $2,743m을 가중평균자본비용 5.25%와 영속성장률 2%의 차액인 3.25%로 나눈 값이다. 2009년도의 FCF는 2008년도의 FCF가 영속성장률 2%로 성장한 값이다.

	2005	2006 (E)	2007 (E)	2008 (E)	million 2009 (E)
FCF$_t$	$2,790	$1,279	$2,336	$2,689	$2,743
growth rate		-54.16%	82.64%	15.11%	2.00%
WACC	5.25%				
Terminal value$_{2008}$				$84,342	
Present value		$1,215	$2,109	$74,642	
Operating value	$77,966				
Non-operating Value	$159				
Total firm value	$78,125				
Net debts	$10,139				
Total equity value	**$67,986**				

그림7-15: DCF모델을 활용한 HCA헬스케어의 회사가치와 주식가치

그림7-15는 HCA헬스케어의 영업가치와 회사가치, 그리고 주식가치를 엑셀에서 계산한 내역을 보여 주고 있다. DCF모델을 통해 얻은 HCA헬스케어의 영업가치는 $77,966m으로 향후 3년간의 FCF와 잔존가치를 현재가치로 환산해 모두 더한 값이다. 그리고 2005년 말 기준 재무상태표로부터 찾은 HCA헬스케어의 비영업용자산의 가치는 $159m로 영업과 상관없는 장기 투자자산으로 구성되었다. 따라서 본 회사의 영업가치와 비영업가치를 더한 HCA헬스케어의 회사가치는 $78,125m가 된다. $78,125m는 주주와 채권자의 가치를 모두 포함한다. 주주에게 지불할 주식가치를 산출하기 위해 순부채인 $10,139m를 제하면 $67,986m, 약

670억 달러에 이른다. KKR을 비롯한 사모펀드 군단이 100% 지분을 인수하기 위해 실제 지불한 값은 210억 달러였다. 따라서 DCF 모델로 평가한 HCA헬스케어의 주식가치와 비교하면 상당히 저렴한 가격으로 인수한 딜이었다. 참고로 2021년 10월 초 기준 HCA헬스케어 주식의 총시장가치인 시가총액은 780억 달러를 넘는다.

이번에는 전체 지분이 아닌 경영권을 포함한 일부 지분을 인수한다는 시나리오 관점에서 보자. 100% 지분이 아닌 60%의 지분을 인수하고, 경영권 프리미엄이 20%라는 가정을 세워 보자. 이 경우 투자자가 HCA헬스케어를 인수하는 데 고려할 수 있는 비용은 약 490억 달러로 계산된다. 그 내역은 다음과 같다.

$$\$48,949m = \$67,986m \times 60\% \ (1 + 20\%)$$

4. LBO 가치평가를 활용한 HCA헬스케어 입찰가격 조정

LBO 가치평가는 LBO 방식으로 기업을 인수할 때 레버리지 효과를 제거한 후 자기자본만으로 얻는 수익이나 수익률을 측정하는 기법이다. LBO(Leverage Buyout, 차입매수)란, 많은 비중의 차입금을 동원해 기업을 인수하는 방식으로 절차와 기법은 Part Ⅲ에서 자세히 다룰 것이다. LBO 가치평가는 EV/EBITDA 배수 방식을 기본으로 하며, 바이아웃 사모펀드가 사용하기에 적합하다. 바이아웃 사모펀드는 주로 성숙기업이나 쇠퇴기업의 경영권을 취득한 다음 일정 기간 동안 기업가치를 제고한 후에 높은 가격에 재매각해 투자수익을 얻는다. 이때 사모펀드는 상당한 차입금을 동원해 기업을 인수하므로 펀드의 자기자본 투자수익률을 계산하려면 차입금 효과를 제거해야 한다. LBO 가치평가를 자세히 이해하기 위해 먼저 레버리지 투자효과에 대해 알아보도록 하자.

● 레버리지 투자효과란?

차입비율 (자본금:차입금)	100:0	70:30	50:50	30:70	10:90
전체 투자금	100	100	100	100	100
자기자본	100	70	50	30	10
차입금	0	30	50	70	90
이자율		4.0%	4.0%	4.0%	4.0%
전체수익	7	7	7	7	7
ROIC	7.0%	7.0%	7.0%	7.0%	7.0%
이자비용	0	1.2	2	2.8	3.6
이익	7	5.8	5	4.2	3.4
ROE	7.0%	8.3%	10.0%	14.0%	34.0%

단위:억원

그림7-16: 레버리지 투자효과 사례

레버리지^{Leverage} 투자란 차입금이나 신용을 활용해 자기자본^{equity}보다 더 큰 금액으로 투자하는 것을 의미한다. 이때 전체 투자수익률보다 더 큰 자기자본수익률을 얻는 효과를 '레버리지 투자효과'라고 한다.

그림7-16은 레버리지 투자효과를 설명하기 위한 하나의 사례이다. 어떤 투자자가 고려하는 투자자산의 기대수익률이 7%이며, 본 투자자는 4%의 이자율로 차입이 가능하다고 하자. 이것을 정리하면 다음과 같다.

전체자본 수익률^{ROIC} ＞ 이자율

이 조건이 성립되면 레버리지를 활용하면 활용할수록, 즉 차입금을 많이 동원할수록 자기자본수익률^{ROE}이 높아지게 된다. ROIC(= 전체수익 / 전체 투자금)란 자기자본과 차입금의 구분 없이 전체 투자금에 대한 수익률을 의미하고, ROE(= 이익 / 자기자본)는 자기자본의 수익률을 의미한다. 그림7-16의 사례에서 알 수 있듯이 자기자본만으로 투자금을 동원하면 ROIC와 ROE는 같다. 그러나 차입비율이 높아질수록 ROE는 8.3%(= 5.8 / 70)에서 34%(= 3.4 / 10)까지 증가해 ROIC보다 더욱 커지게 된다. 이것은 반드시 ROIC가 이자율보다 높은 경우에 적용된다. 만약 투자 이후 실제로 발생한 ROIC가 이자율보다 낮아진다면 ROE는 ROIC보다 낮아지게 된다. 최악의 경우 전체수익보다 이자가 더 많아 마이너스 수익률을 기록하게 된다.

• HCA헬스케어에 LBO 가치평가 적용하기

LBO 가치평가는 EV/EBITDA 배수 모델에 레버리지 효과를 적용한 것이다. 타깃기업의 미래 EBITDA를 추정함으로 현재 매수가격과 미래의 매각가격을 예측한 다음 이자비용과 차입금을 제외해 자기자본만으로 얻게 되는 수익 또는 수익률을 측정하는 것이다.

그림7-17: LBO 가치평가의 절차

그림7-17은 LBO 가치평가를 네 단계로 구분한 것으로 각 단계는 다음 과 같다.

1. EV/EBITDA 배수 모델을 활용해 타깃기업의 매수가격을 정한다.
2. 향후 매각할 것으로 예상되는 시점까지 타깃기업의 EBITDA를 추 정해 매각가격을 추정한다.
3. 현재 동원할 수 있는 차입금 규모를 예측하고 매각시점까지 매년 원금상환 계획을 수립한다.
4. IRR과 투자금배수[Money Multiple] 방법으로 자기자본 투자수익률을 측정 한다.

HCA헬스케어를 사례로 위 절차를 따라 LBO 가치평가를 적용해 보도 록 하자. 이를 위해 몇 가지 가정을 먼저 세워야 한다.

- 투자자는 HCA헬스케어를 2006년 초에 인수하고 2010년도 말에 매 각한다.
- 매수시점과 매도시점의 EV/EBITDA 배수는 같다.
- 투자자는 매수시점에서 HCA헬스케어가 원래 보유한 차입금을 포 함해 HCA헬스케어 EBITDA의 5배를 차입한다.
- 투자기간 5년 동안 배당금은 없다.

	2005	2006 (E)	2007 (E)	2008 (E)	2009 (E)	2010 (E) $ million
EBITDA	4,278	4,470	4,592	4,574	5,472	5,838
Multiple	8.83					8.83
EV	37,756					51,525
Debt Multiple	5					
Debt Paydown		3,000	3,000	3,000	3,000	3,000
Debts	21,390	18,390	15,390	12,390	9,390	6,390
Equity	-16,366	0	0	0	0	45,135
IRR	22.5%					
MM	2.76					

그림7-18: HCA헬스케어의 LBO 가치평가 (약식)

그림7-18은 가정에 따라 HCA헬스케어를 LBO 방식으로 매수하고, 5 년 후 매각할 때 예상되는 에쿼티자본의 수익과 수익률을 계산한 내역 이다. 먼저 투자자는 전체 기업가치 약 377억 달러 중 163억 달러의 자 기자본을 동원한다. 나머지 213억 달러는 회사가 보유한 기존 차입금과 투자자가 인수금융으로 동원한 신규 차입금으로 구성되었다. 2010년 말 매각시점에서 투자자는 EV/EBITDA 배수가 현재 8.83과 동일할 것으로 가정하고, 그 시점의 추정 EBITDA를 사용해 515억 달러의 기업가치를

추정했다. 투자자는 HCA헬스케어의 EBITDA 수준을 감안해 매년 30억 달러의 차입금 원금을 상환할 수 있을 것으로 판단했다. 이 경우 2010년 말 차입금 잔액은 약 64억 달러로 줄어들어 투자자는 451억 달러(= 515.25 - 63.9)의 투자금을 회수할 수 있다. 결론적으로 투자자는 163억 달러를 투자해 451억 달러를 회수하므로 투자금 대비 2.76배의 수익을 창출하며, 5년간 22.5%의 투자수익률을 거둘 것으로 예측된다.

● 레버리지에 따른 입찰가격 조정

서브프라임모기지 사태 이후 저금리 기조가 오래 지속되면서 시장에 값싼 자금이 넘쳐나기 시작했다. 이에 따라 사모펀드 숫자와 펀드 규모가 점점 커지면서 M&A 시장에서 자금의 수요보다 공급이 더 많아지고 있는 실정이다. 투자할 대상보다 투자금이 많아지면 타깃가격이 오를 수밖에 없다. 더 이상 싸게 사서 비싸게 파는 전략이 통하지 않는 것이다. 이렇게 되면 투자전략을 바꿔야 할 필요가 있다. 공개매각 시장에서 딜을 따기 위해 비싼 가격에 입찰해 기업을 인수한 다음 타깃기업 가치를 더 좋게 만들어 더 비싸게 파는 전략이다. LBO 가치평가는 이러한 전략에 필요한 하나의 평가법이 될 수 있다.

					$ million
Debt ratio (Equity : Debt)	100 : 0	67 : 33	50 : 50	33 : 67	10 : 90
Bidding price	37,756	37,756	37,756	37,756	37,756
Debt	0	12,460	18,878	25,297	33,981
Equity	37,756	25,297	18,878	12,460	3,776
Exit value	51,525	51,525	47,647	41,228	32,544
IRR	6.4%	15.3%	20.3%	27.0%	53.8%

그림7-19: HCA헬스케어의 레버리지 투자효과

그림7-19는 매수가격 377억 달러를 유지할 때 차입금을 늘려 감에 따라 자기자본 투자수익률^{IRR}이 어떻게 변하는지를 보여 준다. 자기자본 100%인 377억 달러 사용할 때 515억 달러를 회수해 IRR은 6.4%, 50%인 188억 달러를 사용할 때 476억 달러를 회수해 IRR 은 20.3%, 10%인 37억 달러만 사용할 때 325억 달러를 회수해 IRR은 53.8%에 달하게 된다. 이때 하나의 타깃 IRR을 정한 다음 차입금 수준을 높여 가면 더 높은 가격에 입찰할 수 있다. 그림7-20은 타깃 IRR을 20.3%로 설정할 경우 레버리지 비율을 높여 감에 따라 입찰가격을 어떻게 다르게 할 수 있는지를 보여 준다.

			$ million
Debt ratio (Equity : Debt)	50 : 50	33 : 67	10 : 90
Bidding price	37,756	41,645	46,893
Debt	18,878	25,297	33,981
Equity	18,878	16,348	12,912
Exit value	47,647	41,228	32,544
IRR	20.3%	20.3%	20.3%

그림7-20: HCA헬스케어 타깃 IRR 20.3%로 고정할 경우 레버리지에 따른 입찰가격 변동 추이

그림7-19에서 차입비율을 50%로 할 경우 IRR은 20.3%였다. 여기서 타깃 IRR을 20.3%로 유지하고 차입비율을 높여 가면 입찰가격을 더 높일 수 있다. 그림7-20의 경우 차입비율을 67%로 하면 입찰가격을 416억 달러로 높이면서 IRR을 20.3%로 유지할 수 있다. 또한 차입비율을 90%로 하면 입찰가격을 468억 달러로 높이면서 IRR을 20.3%로 유지할 수

있다. 따라서 투자자는 공개입찰에 참여한 다른 투자자들의 동향을 살 피면서 차입 비중을 조절해 그에 맞는 입찰가격을 제시할 수 있다. 물론 이 전제는 차입비용이 ROIC보다 낮다는 가정에서 성립되는 것이다. 만약 이 가정에서 벗어나는 결과를 초래한다면 차입비율이 높아질수록 IRR은 현저하게 떨어지게 될 것이다.

PART III
M&A 딜 스트럭쳐링

HCA헬스케어 인수를 위한 LBO 스트럭쳐링

1. 인수금융의 이해와 분석

대우건설 인수를 앞두고 있는 중흥그룹이 자금조달과 관련해 사전 수요조사가 한창이다. 외부차입과 관련해서는 인수금융이나 단기 브릿지론 성격의 자산유동화 등 다양한 방식이 언급돼 왔다. 중흥그룹의 외부차입은 KB증권과 미래에셋증권이 조력하고 있다.

출처: 「대우건설 인수 중흥, 조달 비용 감축 안간힘」, 더벨, 2021. 9. 15.

인수금융이란 인수기업이 타깃기업을 인수하기 위해 외부기관으로부터 자금을 조달하는 것을 말한다. 인수금융은 인수기업이 동원할 수 있는 자기자본보다 대상기업의 인수규모가 클 때, 또는 한 곳에 자기자본의 많은 비중을 투자하는 위험을 줄이기 위해 필요하다. 인수금융에서 가장 중요한 조건은 레버리지 투자효과를 얻기 위해 전체 투자수익률

^{ROIC}보다 자본의 조달비용이 더 낮아야 한다는 것이다. 그와 함께 어떤 구조로 인수금융을 동원할 것인가를 고려해야 한다.

• 인수금융의 유형

M&A에서 외부자금을 동원할 때 특수목적회사(SPC: Special Purpose Company)의 동원 여부에 따라 인수금융을 두 가지 형태로 나눌 수 있다. 하나는 SPC 없이 외부자금을 동원하는 것이며, 다른 하나는 SPC를 통해 동원하는 것이다.

직접인수

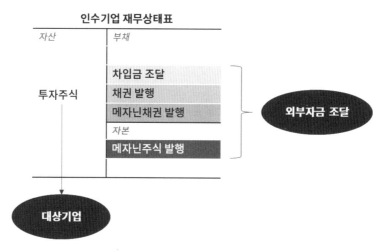

그림8-1: 인수회사로 직접 인수금융을 일으키는 구조

그림8-1은 인수기업이 외부자금을 인수기업으로 직접 조달해 대상기업을 인수하는 구조를 보여 준다. 인수금융 방법으로는 은행으로부터

차입금을 조달하거나 자본시장에서 채권이나 메자닌증권을 발행하는 방법이 있다. 이렇게 직접인수 구조를 선택할 경우 인수기업은 타깃기업 주식을 취득해 타깃기업의 모회사가 되며, 전략에 따라 타깃기업과 합병하거나 타깃기업을 자회사로 유지하는 방법을 선택할 수 있다. 한편 인수금융을 제공하는 외부기관 입장에서 주요 포인트는 인수기업의 신용도, 대상기업의 사업성, 그리고 대상기업에 대한 인수기업의 경영전략이다. 만약 대상기업 규모에 비해 인수기업이 월등히 클 경우 인수기업의 신용도만으로 인수금융을 일으킬 수 있다. 그러나 인수기업 규모에 비해 타깃기업이 클 경우 인수기업의 대상기업에 대한 경영전략이 중요해진다.

SPC의 활용

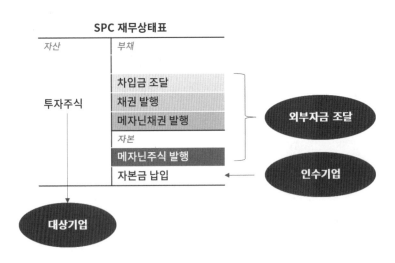

그림8-2: SPC를 활용해 인수금융을 일으키는 구조

그림8-2는 인수기업이 별도의 SPC를 설립한 후 SPC로 자금을 모아 대상기업을 인수하는 구조를 보여 준다. 이 경우 SPC는 인수기업의 자회사이며, SPC는 타깃기업의 모회사가 된다. 하지만 대상기업에 대한 실질적인 경영권은 인수기업에게 있다. 이렇게 SPC를 통해 타깃기업을 인수할 경우 SPC와 타깃기업을 합병시키는 경우가 있다. 이러한 구조의 합병을 삼각합병이라고 한다. 사모펀드가 LBO 방식으로 타깃기업을 인수할 경우 일반적으로 이 구조를 사용한다. 한편 인수기업은 SPC가 아닌 실질적인 자회사를 통해 인수금융을 일으켜 타깃기업을 인수할 수도 있다.

　이렇게 인수기업이 설립한 SPC에 자본을 제공할 경우 외부기관 입장에서 가장 중요한 포인트는 대상기업의 사업성이다. 직접인수에서는 인수기업과 대상기업의 현금흐름이 상환재원으로 사용되지만, 본 구조에서는 대상기업의 현금흐름만 상환재원으로 사용되기 때문이다. 본 구조에서 인수기업이 어떠한 담보도 제공하지 않을 경우 대상기업의 현금흐름이 악화되면 인수금융을 제공한 외부기관들은 손실을 입을 수 있다. 반대로 인수기업 입장에서는 대상기업의 사업위험을 SPC로 전가함으로써 인수기업이 출자한 자본 외에 별도의 손실을 입지 않게 된다. 따라서 외부기관은 인수금융의 신용보강을 위해 인수기업에 별도의 담보를 요청하는 경우도 있다.

2. LBO 타깃으로 적합한 기업과 절차

300억 달러 이상 되는 Medline Industries 인수 건은 10여 년 만에 가장 큰 LBO입니다. 지난 주말에 합의된 이 건은 Covid가 완화됨에 따라 사모펀드가 현금을 준비하면서 투자수요를 늘리고 있다는 분명한 신호입니다. Blackstone, Carlyle, Hellman & Friedman는 지난 토요일에 본 의료공급회사의 지분가치를 300억 달러 이상, 채무를 포함해 340억 달러 평가했다고 합니다. 이것은 2007~2008년 금융위기 이후 가장 큰 LBO입니다.

• LBO란?

LBO(Leverage Buyout: 차입매수)란 타깃기업의 자산을 담보로 하고, 미래 수익을 상환재원으로 삼아 많은 차입을 일으켜 타깃기업을 인수하는 M&A 금융기법을 말한다. LBO에서는 대개 별도의 특수목적회사^{SPC}를 설립한 다음 본 SPC에 많은 비중의 차입금을 조달해 타깃기업을 인수하는 형태를 취한다. 이렇게 조달한 차입금은 주로 타깃기업이 보유한 현금과 영업으로부터 창출한 이익으로 상환되거나, 비영업용자산을 매각해 상환된다. 때로 현금이 부족할 경우 영업용자산을 매각해 상환재원을 마련하고 해당 자산은 리스해서 사용하기도 한다. 이것을 세일즈앤리스백(Sales and lease back)이라고 한다.

LBO투자는 다음과 같은 특성을 갖고 있다.

적극적 투자 *active style*

LBO방식으로 자금을 조달하는 이유는 레버리지를 활용해 자기자본보다 큰 M&A거래를 할 수 있기 때문이다. 이때 인수기업은 외부투자자로부터 자금을 유치하기 위해 타깃기업의 기업가치를 제고하기 위한 전략을 수립해야 한다. 이를 위해 강도 높은 실사를 수행하며, 실사하는 동안 가치평가는 물론, 전략적인 통합계획을 세우고, 영업이익 향상을 위해 실행 가능한 경영 전략을 수립한다. 또한 독점적 경영권을 행사하기 위해 타깃기업의 지분 100%를 인수한다. 그런 다음 이사진을 교체하고, 실사기간 수립했던 통합계획과 구조조정을 실행하면서 실적과 재무구조 향상에 모든 노력을 기울인다. 따라서 기존 경영진에 경영을 방임하는 지분투자와 달리 LBO는 투자 후 투자자가 직접 기업가치제고를 위해 힘써야 하므로 적극적 투자유형에 해당된다.

타깃기업과 SPC의 합병

LBO는 주로 바이아웃 사모펀드가 사용하는 인수금융 방법이다. LBO방식을 처음으로 사용한 투자자는 최초의 사모펀드인 KKR이며, 지금은 많은 사모펀드들이 LBO기법은 활용한다. 사모펀드의 투자 대상은 주로 비상장기업이다. 상장기업을 인수하더라도 상장폐지 수순을 밟기 때문에 결국 비상장기업이 된다. SPC는 타깃기업과 합병하면서 SPC로 조달한 차입금을 타깃기업으로 이전한다. 따라서 차입금을 제공하는 금융기관은 궁극적으로 SPC가 아닌 타깃기업에 대출하는 결과를 갖는다. 결국 금융기관은 타깃기업으로부터 대출원리금을 상환받아야 하므로 타깃기업의 사업성과 미래 현금흐름 창출능력을 면밀하게 분석해야 한다.

LBO의 이익

M&A 시장에서 LBO 기법이 성황하면서 이익을 보는 주체가 둘이 있다. 먼저 타깃기업의 기존 주주이다. 많은 사모펀드들이 차입금을 동원해 M&A 시장에 진입하므로 기존 주주는 매각 가능성을 높일 수 있다. 게다가 인수경쟁이 심화되면 프리미엄이 높아져 상당한 이윤을 남긴 채 자본을 회수할 수 있다. LBO를 실행하는 인수회사도 LBO로 이익을 보게 된다. 타깃기업으로 이전된 차입금의 이자비용으로 세제효과를 얻을 수 있다. 또한 100% 지분을 보유하므로 다른 주주의 간섭 없이 오직 타깃기업의 기업가치제고에만 집중할 수 있다. 그리고 Exit 시점에서 좋은 가격으로 매각하면 레버리지 투자효과로 인해 높은 투자수익률을 실현할 수 있다.

• LBO에 적합한 타깃기업

그림8-3: LBO 방식으로 인수하기에 적합한 타깃기업

그림8-3은 그림8-2의 SPC를 활용한 인수금융 구조를 확장한 그림이다. 인수회사가 타깃기업을 LBO 방식으로 인수할 때 외부 금융기관으

로부터 자금조달을 원활하게 만드는 타깃기업의 조건을 보여 주고 있다. LBO에서 SPC로 공여된 외부자금은 궁극적으로 타깃기업으로 이전되므로 외부 금융기관은 타깃기업의 원리금 상환능력에 초점을 맞춰야 한다.

- 이를 위한 우선적 조건은 타깃기업의 EBITDA 창출능력이다. LBO에서 차입금 규모는 상당하므로 타깃기업은 장기간에 걸쳐 이를 상환할 수 있는 현금흐름 창출능력을 가져야 한다. 이를 위해 타깃기업은 과거와 미래에 양호한 EBITDA 흐름을 가져야 한다. 그와 함께 타깃기업에 대한 인수회사의 미래 경영 기획도 안정적일 것이라는 것을 증명해야 한다.
- 그다음 조건은 타깃기업의 현금성자산이나 담보성자산의 보유 유무이다. 현금성자산은 인수가 완료되면 바로 상환재원으로 사용될 수 있기 때문에 좋은 LBO 조건이 된다. 토지나 건물과 같은 유형자산은 담보로 설정하거나 매각해 현금화할 수 있으므로 현금 다음으로 선호되는 자산이다.
- 마지막으로 타깃기업의 기존 금융부채가 낮을수록 좋다. SPC와 타깃기업이 합병하면서 SPC의 차입금은 타깃기업으로 이전된다. 이때 기존 금융부채가 많을 경우 SPC의 차입금이 뒤로 밀려 후순위 변제권을 갖게 된다. 만약 타깃기업의 재정상황이 악화되면 LBO 자금 공여자들은 대출원리금을 제때에 받지 못할 수도 있다.

정리하자면 LBO로 적합한 타깃기업은 앞으로 양호한 EBITDA가 지

속되고, 현금성자산과 담보성자산이 많고, 기존 금융부채가 적은 기업
이다.

• LBO 절차

그림8-4: LBO 절차

LBO는 크게 네 단계에 걸쳐 수행한다.

• 먼저 LBO 타깃으로 적합한 기업을 발굴하면 SPC를 설립한다. 인수
회사가 자회사를 보유한 경우 SPC 대신 자회사를 비히클[vehicle]로 사
용할 수도 있다. 만약 해외투자자가 존재하거나, 우호적인 세금과
규제를 제공하는 국가를 선택하길 원할 경우 두 개 이상의 SPC를
설립해야 하는 경우도 있다.

• SPC를 설립하면 사전에 교섭한 금융기관이나 투자자로부터 본
SPC로 자금을 조달한다. 차입금 규모는 딜 규모에 따라 다르고, 차
입금 비중은 타깃기업의 EBITDA 수준이나 현금성자산, 또는 담보
성자산의 규모에 따라 달라지게 된다. 딜 규모가 큰 경우 여러 은행
이 대출을 함께 제공하는 신디케이션론을 활용하게 된다.

• 자금이 모집되면 타깃기업을 인수한 다음 SPC와 타깃기업을 합병
시킨다. 전문적인 용어로 역합병이라고 한다. 역합병은 인수 목적
을 위해 설립한 SPC를 소멸하고, 타깃기업을 남겨 두는 방식을 말

한다. 역합병에서는 SPC의 차입금이 타깃기업으로 승계되고, 대출기관은 타깃기업으로부터 대출원리금을 상환받게 된다.

- 이 모든 작업이 끝나면 인수회사는 타깃기업을 전략적으로 경영해 현금흐름을 양호하게 만들어야 한다. 그리고 내부에 누적되는 현금으로 LBO를 위해 차입한 대출원리금을 갚아야 한다. 결국 LBO의 주요 상환재원은 타깃기업의 영업이익이 되며, 필요한 경우 비영업용자산이나 비핵심사업부를 매각해 상환재원으로 사용한다.

3. 딜 스트럭쳐링과 LBO 파이낸싱

MTBC는 매우 훌륭한 M&A 전략을 통해 매출을 성장시키고 있는 훌륭한 회사입니다. 지난 5년 동안 매출은 CAGR 43.9%로 성장했으며, 2014년 상장 이후 17개 기업을 인수했습니다. 회사는 위험에 투자하지 않고서 여기까지 올 수 없었습니다. 회사의 M&A 스트럭쳐는 법적 위험을 초래할 수도 있고, 인수한 고객은 MTBC에서 떠날 수도 있기 때문입니다.

출처: CareCloud Is Significantly Undervalued But Comes…, Seeking Alpha, 2021. 9. 23.

● 딜 스트럭쳐링이란?

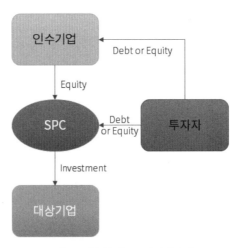

그림8-5: 단순한 딜 스트럭쳐링의 예

M&A에서 딜 스트럭쳐링^{structuring}이란 타깃기업 인수를 위해 인수금융

의 형태와 구조를 수립하고, 투자금을 효율적으로 관리할 수 있는 방법론을 구상하는 작업이다. 인수기업이 자기자본만으로 M&A를 수행하면 스트럭처링은 간단하다. 그러나 인수금융을 일으키면 제3의 이해관계자가 생기고, 딜이 커질수록 그 수가 많아져 딜 스트럭처링은 복잡해진다. 각 이해관계자가 당면할 수 있는 리스크를 비롯해 세금과 규제, 그리고 투자금의 회수까지 모두 고려해야 하기 때문이다. 이해관계자 중 해외의 투자자나 대출기관이 존재하면 해당 지역에 별도의 비히클^{vehicle} 설립이 필요할 수 있어 전문가의 자문이 필요해진다.

그림8-6: LBO 스트럭처링의 절차

LBO를 위한 스트럭처링은 인수회사의 자기자본과 외부기관의 타인자본을 고려한 구조 설립이 필요하다. 그림8-6은 LBO 스트럭처링의 절차를 세 단계로 나눈 것이다.

1. 첫 번째 단계는 타깃기업의 딜 규모를 추정해야 한다. 여기서 딜 규모란 타깃기업의 전체 기업가치가 아니라 주식가치를 의미한다. 이론적으로 인수하는 금액은 기업가치이지만, 지금 주주에게 지불하

기 위해 동원되는 현금은 주식가치이기 때문이다.

2. 두 번째 단계로 딜 규모가 추정되면 인수회사의 자기자본 외 외부로부터 모집해야 할 인수금융 규모를 산출해야 한다. 이때 자본비용이 가장 낮은 차입금이나 채권부터 시작해 자본비용이 높은 메자닌증권이나 주식의 순서대로 예측해야 한다. 외부 자본비용이 낮을수록 레버리지 투자효과가 커지기 때문이다.

3. 마지막으로 외부자금을 모집할 수 있는 특수목적회사(SPV: Special Purpose Vehicle)의 숫자와 구조를 예측해야 한다. SPV 구조는 외부투자자로부터 자금을 수월하게 모집하고, 자금조달비용을 최대한 낮추며, 외부자금의 성격에 따라 용이하게 상환하는 것을 목적으로 한다. 그리고 사모펀드와 같이 언젠가 투자한 자기자본을 회수해야 한다면 그 투자금을 어떻게 회수exit할지에 대한 방법까지 기획해야 한다.

• LBO 파이낸싱

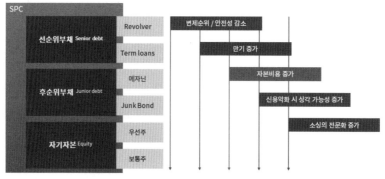

그림8-7: LBO 파이낸싱 (참조: Mastering Private Equity)

M&A거래와 PMI전략 A부터 Z까지

인수기업은 실사 중에 대출기관의 이자율이나 투자자들의 요구수익률을 체크하면서 최대한 자본비용이 낮은 펀딩 구조를 수립해야 한다. 그림8-7은 LBO를 수행할 때 조달비용이 낮은 순서대로 자금의 종류와 그 성격을 보여 주고 있다. 순서대로 선순위부채, 후순위부채, 그리고 자기자본으로 나열되었고, 아래로 갈수록 투자 안전성이 감소하고, 만기가 길어지며, 자본비용이 높고, 조달의 전문화가 필요하다.

선순위부채의 조달

선순위부채senior debts는 일반적인 인수금융이나 LBO 파이낸싱에서 가장 많은 부분을 차지하는 대출로서 타깃기업의 자산과 현금흐름에 대해 가장 먼저 청구권을 갖는다. 또한 타깃기업의 유형자산을 담보로 설정하고, 기업이 파산하는 경우 가장 최우선의 변제권을 갖는다. 최우선 변제권을 확보하므로 LBO 파이낸싱에서 이자율이 가장 낮다. 대출기관은 대출계약서에 채무자가 정기적으로 부채비율, 이자보상비율과 같은 재무건전성 지표를 보고하도록 명시할 수 있다. 또한 대출기관이 대상기업을 꾸준히 모니터링할 수 있는 권리를 포함하기도 한다. 대형 딜의 경우 여러 은행이 대출에 참여하는 신디케이션론을 조성해야 한다. 이때 주선은행은 인수기업과 함께 실사에 참여하거나 관련 정보를 제공받아 참여 은행 대표로 대출계약서에 포함될 주요 조건들을 협의하게 된다. 선순위부채는 다음과 같은 상품으로 세분화된다.

- **Revolving credit facility(RCF)**
RCF는 신용으로 차용하는 마이너스통장과 같은 개념으로 타깃기업의 운전자금$^{working\ capital}$을 위해 조달한다. 타깃기업이 자체의 RCF를 가진 경우 새로 차입한 RCF로 이전 RCF를 상환한 다음 타깃기업의 운전자금으로 사용할 수 있다.

• 선순위 담보대출

선순위 담보대출은 LBO 파이낸싱에서 가장 큰 비중을 차지한다. 타깃기업이 파산하는 경우 자산에 대해 가장 우선적인 청구권을 보유한다. 딜이 큰 경우 대출기간에 따라 Term loan A, B, C 등으로 나뉜다. Term loan A는 이자율이 가장 낮고, 대출기간은 약 5년 미만으로 원금과 이자를 동시에 지급해 원금을 상환하는 방식^{amortised}을 갖는다. Term loan B와 C는 A보다 이자율이 약간 높고 만기는 약 5~10년 수준에 이른다. 대출기간 동안 이자만 지급하다가 만기에 원금 전체를 상환^{bullet}하는 방식을 갖는다.

• 후순위 담보대출

후순위 담보대출은 선순위 담보대출과 후순위대출의 중간 형태의 대출이다. 대개 선순위 담보대출이 먼저 저당을 설정한 담보에 추가적으로 담보를 설정하는 방식을 취한다. 선순위 담보대출을 제공한 기관과 다른 대출기관이 후순위 담보대출을 제공하며, 선순위 담보대출보다 이자율이 높다. 대출기간은 약 9~10년에 이른다.

후순위부채의 조달

후순위부채$^{junior\ debts}$는 담보설정이 없고 대상기업 파산 시 선순위부채 다음으로 청구권의 순위를 가진다. 또한 선순위부채보다 대출기간이 길고, 만기에 원금을 일시에 상환^{bullet}하는 방식을 갖는다. 선순위부채보다 부담하는 리스크가 크므로 이에 상응하는 프리미엄을 가산해 이자율을 추산한다. 후순위부채의 경우 이자를 현금으로 받거나 대상기업의 주식으로 받는 메자닌 형태를 가질 수도 있다. 후순위부채의 종류는 다음과 같다.

• 메자닌증권

메자닌증권이란 일반사채에 옵션을 부여해 사채를 보통주로 전환하거나 보통주를 살 수 있는 권리를 부여한 증권이다. 투자자가 메자닌증권으로 투자하는 이유는 타깃기업의 주식가치가 상승하는 경우 그 주식으로 전환해 자본소득$^{capital\ gain}$을 얻기 위함이다. 메자닌증권으로는 전환사채(CB: Convertible Bond)와 신주인수권부사채(BW: Bond with Warrant)가 있다. 주요 투자자는 메자닌펀드, 사모펀드, 헤지펀드, 그리고 증권사나 보험사 등의 제2금융기관 등으로 구성된다.

• 고수익채권$^{high\ yield\ bond}$ 또는 정크본드

정크본드는 주로 미국에서 사용되는 증권으로 LBO를 위해 설립한 특수목적회사가 발행해 자본시장에서 유통되는 성격을 지닌다. 투자위험이 높기 때문에 정부 당국 관리에 따라 신용등급을 받아야 하며, 공개시장에 등록되면 지속적으로 보고해야 하는 의무를 가진다.

• 브릿지론$^{bridge\ loans}$

브릿지론은 장기부채가 본격적으로 유입되기 전에 딜 계약을 마무리하기 위해 차용하는 단기자금 형태의 대출이다. 주로 인수기업의 자문을 맡은 투자은행이 제공하며, 대형 사모펀드의 경우 자체 자금으로 사용하기도 한다. 브릿지론을 약정하고도 장기부채가 빨리 유입되면 브릿지론을 사용하지 않아도 된다. 브릿지론은 금리가 높기 때문에 인수자는 장기부채를 빨리 조달해 신속하게 상환하는 것이 좋다.

자기자본의 조달

자기자본은 지분율에 따라 이익과 손실을 감수하는 자본으로 대개 인수기업과 함께 사모펀드나 전략적 투자자가 투자하는 자본의 형태이다. 자기자본은 보통주와 우선주로 구분할 수 있다. 대개 인수 주체자가 보통주로, 동반 투자자가 우선주로 투자한다. 사모펀드가 인수주체이며 타깃기업의 규모가 상당할 때 두 개 이상의 펀드가 컨소시엄을 이뤄 보통주로 출자하는 경우도 있다. 또한 회사의 현재 경영진이 대주주가 되기 위해 M&A를 추진하는 MBO(Management Buy-out)나, 외부 경영진이 타깃기업의 대주주가 되기 위해 인수를 추진하는 MBI(Management Buy-in)의 경우 해당 경영진이 일정 부분 보통주로 자기자본을 출자하기도 한다.

• 보통주

보통주는 최초의 자본금을 형성하는 증권으로 인수주체자가 납입한다. 의결권을 갖는 대신 변제권에 있어 가장 후순위에 위치한다. 따라서 기업이 청산할 때 다른 증권을 보유한 투자자에게 원리금이 먼저 상환되고, 그 이후에 잔여재산에 대한 청구권을 주장할 수 있다. MBO나

MBI의 경우 딜의 주체가 되는 전문경영진이 경영권 확보를 위해 많은 부분의 보통주를 취득하고, 사모펀드는 잔여비중의 보통주나 우선주를 투자한다.

• 우선주

우선주는 의결권이 없는 대신 약정에 따라 일정 기간 소정의 배당금을 받을 수 있고, 변제권에 있어 보통주보다 앞서는 증권이다. 인수기업과 함께 동반투자하는 사모펀드나 전략적 투자자가 선택할 수 있는 증권 중의 하나로서 옵션을 더해 그 증권의 형태를 다르게 할 수도 있다.

- 먼저 상환우선주란 상환권을 가진 우선주를 말한다. 상환권이란 발행기업이 약정에 따라 이익잉여금 내에서 우선주 투자자에게 투자금을 상환해야 하는 의무를 말한다. 우선주 투자자가 채권과 같이 특정 시점에서 투자금을 상환받을 수 있도록 유동성을 부여한다는 것에 의미가 있다.

- 전환우선주란 전환권을 가진 우선주이다. 전환권이란 우선주를 보통주로 전환할 수 있는 권리로 전환사채에 부여되는 전환권의 성격과 같다. 투자자는 우선주를 보통주로 전환해 보통주의 시세차익을 얻거나 의결권을 행사할 수 있다.

- 전환권과 상환권이 모두 부여된 우선주를 전환상환우선주(RCPS: Redeemable Convertible Preferred Stock)라고 한다. 우선주 투자자는 전환권과 상환권을 동시에 보유해 투자금을 상환받기 원하는 경우 상환권을 행사하고, 보통주의 시세차익을 기대하거나 경영에 참여하기 위해 전환권을 행사한다.

4. 메자닌금융 - 전환사채 vs 전환상환주

스틱인베스트먼트는 2017년 더블유게임즈가 DDI 지분 100%를 9425억 원에 인수할 때 3000억 원의 자금을 메자닌 형태로 투자했다. 투자자금은 전환사채 (CB) 2100억 원과 신주인수권부사채(BW) 900억 원으로 구성됐다. BW 900억 원은 더블유게임즈가 작년 3분기 콜옵션을 행사해 상환했다. 2100억 원의 CB 의 경우 같은 시기 스틱이 전환권을 행사해 보통주 71만 5258주로 전환했다.

출처: 「더블유게임즈 사업확장 전 DDI 경영권 안정 나서」, 더벨, 2021. 10. 7.

● 메자닌금융이란?

메자닌증권이란 채권과 주식이 혼합된 성격을 가진 증권을 의미하며, 메자닌금융이란 메자닌증권을 발행해 자금을 조달하는 것을 말한다. 메자닌투자자는 일반 사채와 같이 안정적으로 이자를 지급받다가 권리를 행사해 주식처럼 자본소득을 얻을 수 있다. 메자닌증권으로는 전환사채, 신주인수권부사채, 그리고 전환우선주(CPS: Convertible Preferred Stock) 등이 있다. 이 중 전환우선주는 부채는 아니지만 고정적으로 배당금을 지급받을 수 있고, 변제권에 있어 보통주보다 우선되므로 부채와 비슷한 성격을 갖는다.

메자닌증권이 채권과 주식의 중간 형태인 것과 같이 그 자본비용도 일반채권보다 높고, 보통주보다 낮다. 주식으로 전환되기 전에는 비슷한 신용등급을 가진 일반채권보다 이자비용이 낮지만, 주식으로 전환되면 기존주주의 지분율은 낮아지면서 자본비용은 보통주만큼 높아진다. 따라서 발행회사는 메자닌증권보다 자본비용이 낮은 선순위채권이나 차입금으로 자본을 조달하다가 부족한 자금을 보충하기 위해 메자닌금융을 활용하는 것이 유리하다. 메자닌투자자로는 사모펀드, 투자은행, 그리고 보험사나 연기금과 같은 제2금융권에 속한 금융기관들로 구성된다. 메자닌증권의 종류를 하나씩 살펴보자.

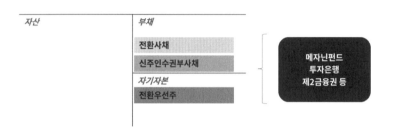

그림8-8: 메자닌증권의 종류와 투자자의 유형

● 전환사채

전환사채(CB: Convertible Bond)란 일반사채(SB: Straight Bond)에 전환권을 부여한 채권이다. 전환권이란 채권자가 일정 기간 동안 주어진 전환조건하에 보유한 일반채권을 발행사의 주식으로 전환할 수 있는 권리를 말한다. 채권자는 일반사채로 보유하다가 발행사가 IPO를 추진하거나 상장된 주식의 주가가 전환가액보다 높을 때 전환권을 행사한다. 그림8-9는 현대로템이 2020년 6월 17일에 발행한 제30회 전환사채의 발행정보이다. 인수금융 과정에서 발행한 전환사채는 아니지만 전환사채의 속성을 알기 위해 본 사례를 살펴보자.

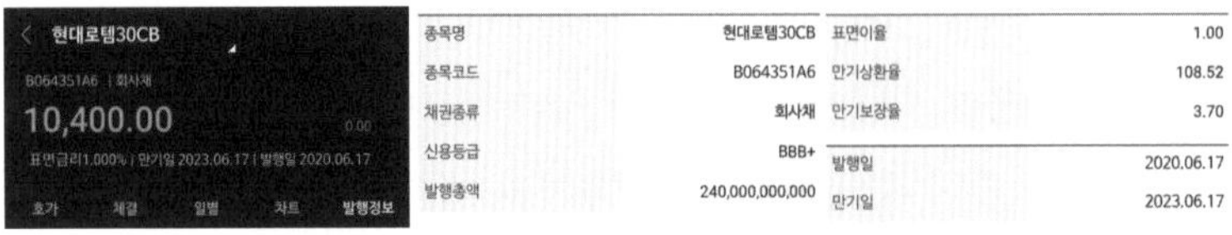

그림8-9: 현대로템의 제30회 전환사채의 발행정보 (참조: NH투자증권 HTS)

일반사채의 속성

전환사채는 일반사채와 같이 만기, 신용등급, 만기보장수익률, 그리고 이자지급의 속성을 갖는다. 그림8-9의 현대로템 제30회 전환사채의 경우 채권의 만기는 3년이다. 그리고 NICE신용평가와 한국기업평가에 의해 BBB+(안정적)의 신용등급을 부여받았다. 본 등급에 따라 투자자의 수요에 의해 만기보장수익률은 3.7%로 결정되었다. 이 중 연 1.0%는 표면이율로서 3개월마다 분할해서 지급하며, 나머지 2.7%는 만기에 복리로 계산해서 지급한다. 투자자가 만기일인 2023년 6월 17일까지 채권을 보유할 경우 만기일에 100원에 해당되는 원금에 대해 108.52원의 원리금을 지급받는다.

전환권의 속성

본 전환사채를 보유한 투자자는 자신의 선택에 따라 현대로템의 전환사채를 현대로템의 보통주로 전환할 수 있다. 투자자가 전환권을 행사할 수 있는 기간을 전환기간이라고 한다. 본 전환사채의 경우 발행일 한 달 후인 2020년 7월 17일부터 만기일 한 달 전인 2023년 5월 17일까지가 전환기간이다. 전환권에서 가장 중요한 속성은 바로 전환가격이다. 전환가격이란 채권자가 전환기간 동안 채권을 주식으로 전환할 때 주식을 인수하는 가격을 의미한다. 그림8-9의 경우 전환가액은 9,750원(사업보고서 참조)이다. 만약 채권자가 액면가 100만 원 상당의 전환사채를 보유했고, 전환기간 동안 전환권을 행사하면 채권자는 현대로템의 채권을 반납하고, 보통주 102.56주(= 100만 원 / 9,750원)를 받게 된다.

전환주식 수 = 채권의 액면가액 / 전환가액

현대로템의 제30회 전환사채 총발행금액은 2,400억 원이다. 만약 본 채권을 소유한 모든 투자자가 전환권을 행사하면 현대로템은 본 채권을 회수한 다음 총 24,615,385주(= 2,400억 원 / 9,750원)의 신주를 발행해 투자자에게 지급해야 한다. 전환가액은 상장기업의 경우 '증권의 발행 및 공시 등에 관한 규정'에 따라 주식의 최근 시장가격에 따라 결정되는 구조를 갖고 있다. 비상장기업이 전환사채를 발행하는 경우 전환가액은 발행사와 투자자 간 협의에 의해 결정할 수 있다.

이렇게 전환사채는 투자자가 일반사채의 형태로 보유할 수 있고, 선택에 따라 주식으로 전환할 수 있다. 전환권은 투자자에게 유리한 조건을 부여하는 것이므로 같은 등급이라면 일반사채보다 그 만기보장수익률이 낮아야 한다. 인수금융에서 투자자는 인수회사가 인수하는 대상회사의 성장성을 고려해 메자닌증권의 형태로 투자한다. 발행사 입장에서 투자자가 전환권을 행사하면 기존 전환사채가 소멸되고, 자기자본이 증가해 부채비율이 낮아진다는 장점을 갖는다. 그러나 기존주주의 지분율이 희석되는 효과를 갖기 때문에 모든 제반사항을 고려해 발행 여부를 결정해야 한다.

• 신주인수권부사채

신주인수권부사채(BW: Bond with Warrant)란 일반사채에 신주인수권을 부여한 채권이다. 신주인수권이란 채권자가 일정 기간 동안 주어진 조건으로 신주를 살 수 있는 권리를 의미한다. 전환사채와 대부분의 속성에서 같지만, 투자자의 권리를 행사하는 방법이 다르다. 전환사채 투자자는 기존 사채를 반납하고 신주를 받지만, 신주인수권부사채 투자자는 기존 채권을 보유한 채 새로운 투자금을 내고 신주를 사는 것이다. 이 경우 투자자는 발행사의 증권을 두 번 사는 것이며, 발행사는 두 번의 자금모집을 하는 것이다. 대개의 경우 신주인수권부사채의 신주인수권은 별도로 거래하도록 분리 형태의 속성을 갖는다. 투자자는 본 채권을 보유하는 동안 일반사채와 같이 이자를 지급받다가 신주인수권의 프리미엄이 형성되면 신주인수권을 매각하거나 신규투자금으로 발행사의 신주를 살 수 있다. 인수회사 입장에서 대상기업을 인수한 다음 향후 대상기업으로 추가자금이 수혈되어야 한다고 판단되면 인수금융으로 신주인수권부사채 발행을 고려해 볼 수 있다.

• 전환상환우선주

우선주는 이익 배당과 변제권에서 보통주보다 우선순위를 갖는 대신 의결권이 없는 주식이다. 투자자가 경영에 간섭하기보다 배당금을 선호할 경우 우선주를 선택할 수 있다. 우선주에 상환권을 부여한 주식을 상환우선주라고 한다. 상환권이란 우선주 투자자가 투자금의 상환을 요청할 경우 발행사가 이익잉여금 내에서 투자금을 상환해야 하는 의무이다. 우선주 투자자가 투자금을 회수할 수 있도록 유동성을 부여하는 것이다. 우선주에 전환사채의 전환권을 부여한 주식을 전환우선주라고 한다. 전환우선주 투자자는 우선주로 보유하고 있다가 선택에 따라 보통주로 전환할 수 있다. 보통주로 전환하는 이유는 의결권을 행사하거나 보통주의 시세차익을 얻기 위한 것이다. 전환권과 상환권을 모두 보유한 우선주를 전환상환우선주(RCPS: Redeemable Convertible Preferred Stock)라고 한다. 투자자는 상황에 따라 두 옵션 중 하나를 행사할 수 있다. 발행사가 IPO를 하거나 상장된 보통주식의 주가가 올라가면 전환권을 행사하고, 발행사의 IPO가 지연되거나 주가가 보합상태일 경우 상환권을 행사할 수 있다.

전환상환우선주는 MBO(Management Buyout)에서 사모펀드가 활용할 수 있는 좋은 투자수단이다. MBO란 현 경영진이 자신이 경영하는 회사의 주인이 되기 위해 추진하는 M&A를 의미한다. 현 경영진이 주인이 되려면 경영하는 회사의 모든 주식을 인수할 수 있는 자금을 보유해야 한다. 그러나 자기자본이 적을 경우 사모펀드와 같은 재무적 투자자의 도움을 요청하게 된다. 이때 MBO를 추진하기 위해 설립되는 특수목적회사에 경영진은 보통주로 투자금을 납입하고, 사모펀드는 전환상환우선주 형태로 투자한다. 그러면 경영진은 100%의 보통주를 갖기 때문에 경영권을 소유하게 되며, 사모펀드는 경영진의 경영을 감독하는 구조가 된다. 그다음 은행의 차입금을 동원해 필요한 모든 자금을 모집한 후 대상기업 주식을 매집하는 것이다. MBO를 주최한 경영자가 대상기업을 잘 경영하면 사모펀드는 경영권을 간섭하지 않다가 추후에 투자금을 회수할 것이다. 그러나 경영자가 예상한 것과 달리 대상기업 경영을 잘 못할 경우 사모펀드는 전환권을 행사해 경영자의 경영권을 박탈하거나 경영에 직접 간섭하게 될 것이다.

5. HCA헬스케어 인수를 위한 LBO 스트럭쳐링

HCA헬스케어는 병원 사업을 영위하는 회사이다. 미국 테네시주에 본사를 두고 있으며, 2020년 5월 기준으로 미국과 영국에서 186개의 병원과 2천여 개의 의료 현장을 운영하고 있다. 2006년 7월 본 회사의 창업자 토마스 박사[Dr. Thomas F. Frist]의 주도로 사모펀드 운용사인 Bain Capital, KKR, 그리고 메릴린치가 LBO 방식으로 약 210억 원 달러를 동원해 100% 지분을 매입했다.

그림8-10: LBO 스트럭쳐링 절차

사모펀드 입장에서 HCA헬스케어를 LBO 방식으로 인수하려면 그림 8-10과 같이 총 네 단계를 예측해 볼 수 있다. 이 절차를 따라 HCA헬스케어를 사례로 딜 스트럭쳐링을 수립해 보도록 하자.

● HCA헬스케어 인수와 LBO 스트럭쳐

1. LBO의 적정성 파악

먼저 HCA헬스케어가 LBO 방식으로 인수하기에 적합한지 살펴보자.

그림8-3에서 설명했듯이 LBO에 적합한 타깃기업은 EBITDA의 흐름이 좋고, 현금성 자산과 담보성 자산이 많고, 기존 금융부채가 적은 기업이다. 그림8-11은 투자그룹이 HCA헬스케어를 인수하던 2006년을 중심으로 직전 연도인 2005년의 재무상태표와 과거 3개년도 실적, 그리고 2005년 이후의 3개년도의 예상실적을 나타낸 것이다. 3개년도 예상실적은 실제 실적을 사용했다.

$, 백만

	2003	2004	2005	2006 (E)	2007 (E)	2008 (E)
매출	21,808	23,502	24,455	25,477	26,858	28,374
Nomalised EBITDA	3,921	3,966	4,278	4,470	4,592	4,574
	2003	2004	2005	2006 (E)	2007 (E)	2008 (E)
총자산			22,225			
현금 및 현금등가물			336			
유형자산			20,818			
총부채			17,362			
이자성부채			10,475			
총자기자본			4,863			

그림8-11: HCA헬스케어 2005년 기준 과거 재무제표와 추정 재무제표 일부

그림8-11을 보면 HCA헬스케어의 EBITDA는 40억 달러 수준에서 과거 꾸준한 성장세를 보였고, 향후에도 꾸준히 성장할 것으로 예측된다. 이렇게 양호한 EBITDA의 흐름을 갖는다면 LBO 차입금을 안정적으로 갚을 수 있다고 예상할 수 있다. 이자성부채가 약 105억 달러가 있지만, 이것의 두 배에 가까운 유형자산이 있다. 유형자산이 많다는 것은 담보자산이 많다는 것이며, 향후 세일즈앤리스백 방식으로 차입금을 상환할 수도 있다는 의미가 된다. 종합하면 HCA헬스케어는 EBITDA 흐름이 양호하고, 유형자산이 상당해 LBO 방식으로 인수하기에 꽤 적합한 대상이다.

2. 기업가치평가

두 번째 단계는 기업가치평가이다. HCA헬스케어의 가치평가는 Ch8의 2단원에서 EV/EBITDA 방식으로 이미 검증했다. 비교기업 일곱 기업을 선정했고, 2021년 10월 초 기준 비교기업들의 평균 EV/EBITDA 배수는 8.83이었다. HCA헬스케어의 2005년도 EBITDA를 사용하면 주식가치가 270억 달러, 2006년도 예상 EBITDA를 사용하면 290억 달러 수준이었다. 이것은 사모펀드 그룹이 HCA헬스케어의 기존주주에게 지불하기로 협의한 210억 달러보다 낮기 때문에 저평가된 가격에 인수했던 것으로 판단했다.

3. 파이낸싱 기획

세 번째 단계로 인수금융을 기획해야 한다. 기존주주에게 지급할 210억 달러를 지불하기 위해 동원 가능한 자기자본 규모와 타깃기업의 재무현황을 고려해 조달할 수 있는 차입금액을 추산해야 한다. 차입금으로 조달하지 못하는 부분은 메자닌금융으로 조달할 수 있다. 토마스 박사와 사모펀드 그룹이 동원 가능했던 자본은 50억 달러였다. 따라서 나머지 160억 달러를 인수금융으로 조달해야 한다. 한편 HCA헬스케어의 기차입금 105억 달러까지 고려해야 한다.

HCA헬스케어의 EBITDA 흐름을 보면 동원 가능한 차입금 수준을 대략적으로 파악할 수 있다. 그림8-11에서 2005년 전후로 EBITDA 수준은 약 40억 달러였다. 만약 EBITDA 40억 달러 전액을 차입금 상환에 사용한다면 인수금융 160억 달러는 EBITDA의 4배수(= 160억 달러 / 40억 달러) 수준이 된다. 즉 외부자금 160억 달러를 조달하면 본 금액은 4년에 걸쳐 EBITDA로 상환할 수 있다는 의미가 된다. 기보유한 차입금 105억 달러까지 고려하면 6.5년(= 265억 달러 / 40억 달러)에 걸쳐 상환할 수 있다. 따라서 인수금융에서 만기가 가장 긴 차입금의 만기는 약 7년 수준이 될 것이다. 40억 달러의 EBITDA 중 30억 달러를 상환재원으로 사용한다면 모든 차입금 상환은 약 9년(= 265억 달러 / 30억 달러)에 달한다. 따라서 인수금융에서 만기가 가장 긴 차입금의 만기는 약 9년 정도가 된다. 인수금융으로 조달할 수 있는 차입금 수준은 이렇게 EBITDA의 흐름과 투자를 위한 이익유보율을 고려해 대략적으로 추정해 볼 수 있다.

4. 딜스트럭쳐 수립

파이낸싱 기획이 완료되면 마지막으로 딜 스트럭쳐를 수립해야 한다. 앞에서 HCA헬스케어의 기존 차입금과 EBITDA의 예상 흐름을 고려하면 3년 만기 차입금부터 5년, 7년, 그리고 10년 만기까지 적절히 분배해 전액 차입금으로 조달이 가능할 것으로 판단된다. 물론 발행의 가능성과 그 조건은 주선은행과 논의하면서 결정해야 한다.

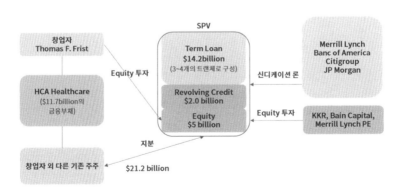

그림8-12: HCA헬스케어 인수를 위한 딜 스트럭쳐링 (자료: 톰슨로이터, 분석: 엄인수)

그림8-12는 실제 토마스 박사와 사모펀드 그룹이 HCA헬스케어를 인수하기 위해 수립한 딜 스트럭쳐링을 보여 주고 있다. 먼저 이 딜의 중심은 토마스 박사이다. 창업자이지만 이 당시 그의 지분율은 많이 희석되었던 것으로 판단된다. 한편 2006년 본 딜을 수행하기 전 토마스 박사는 골드만삭스와 함께 HCA헬스케어를 대상으로 비슷한 딜을 수행한 적이 있었다. 이러한 표면적인 사실만 고려하면 토마스 박사는 MBO 딜의 구조를 잘 알고 있으며, 딜을 통해 투자수익을 얻는 방법도 잘 알고 있었을 것이다. 그렇다면 베인캐피탈 외 모든 사모펀드들은 기꺼이 동반투자자로 나섰을 것이다. 골드만삭스가 이미 토마스 박사와 과거에 비슷한 딜을 수행해 좋은 투자수익을 거둔 적이 있고, 토마스 박사는 창업자이자 경영자로서 HCA헬스케어의 핵심사업을 너무 잘 알고 있기 때문이다.

LBO를 추진할 때 대개 SPV를 설립한다. MBO딜은 딜을 추진하는 경영자가 일정 부분을 에쿼티로 투자하고, 나머지 에쿼티는 사모펀드가 투자한다. 본 딜에 동원된 에쿼티는 총 50억 달러이다. 토마스 박사가 5억 달러를 투자한다면, 사모펀드 그룹이 45억 달러를 투자해야 한다. 토마스 박사에게 100%의 경영권을 몰아줄 경우 토마스 박사는 SPV의 보통주를, 사모펀드는 SPV의 전환우선주나 전환상환우선주로 투자해야 한다. 토마스 박사가 아무 문제 없이 HCA헬스케어의 기업가치를 제고할 경우 사모펀드는 본 형태를 유지할 것이며, 토마스 박사의 기업가치 제고 능력이 떨어진다고 판단할 경우 전환권을 행사하거나 다른 옵션을 선택해 토마스 박사의 경영권을 축소할 것이다.

차입금은 세 개의 트렌체로 구성된 선순위 차입금 142억 달러와 후순위 차입금 20억 달러로 구성되었다. 이는 에쿼티 투자자와 주선은행이 딜의 제반사항을 고려해 판단한 금액이다. 에쿼티 50억와 차입금 162억 달러, 총 212억 달러를 조성해 HCA헬스케어의 주주에게 주식대금으로 지급하고, HCA헬스케어가 기보유한 117억 달러 상당의 부채를 인수했다. 따라서 전체 딜 금액은 327억 달러에 달한다. 당시 HCA헬스케어는 상장사였으나 100% 지분을 인수했으므로 딜 이후 바로 상장폐지 절차를 밟았다.

토마스 박사를 비롯한 경영진들은 HCA헬스케어의 기업가치를 제고하면서 동원된 차입금의 원리금을 갚아 갔고, 몇 년 후 다시 상장시켜 사모펀드가 투자금을 모두 회수할 수 있도록 했다. 2021년 10월 말 기준 HCA헬스케어의 시가총액은 770억 달러가 넘는다. 2006년 주식가치로 212억 달러를 지급했던 것을 고려하면 본 LBO딜은 꽤 성공적이었던 것으로 판단된다.

아스트라제네카의
알렉시온 인수 편

PART IV
인수 후 통합^{PMI} 실무

PMI의 기본적 이해

1. 디즈니와 마블의 통합 형태

디즈니가 마블 영화로 박스오피스에서 182억 달러(21조 원)가 넘는 돈을 벌었다고 미국 CNBC 방송이 21일 보도했다. 디즈니는 2009년 마블을 약 40억 달러에 인수한 뒤 2012년부터 본격적으로 마블 영화를 제작하기 시작했다. 디즈니는 그간 마블 만화의 세계와 캐릭터들을 망라한 '마블 세계관(MCU)' 영화 23개 가운데 16개를 제작하고 배급했다.

출처: 「디즈니, 마블 인수 후 10년간 21조 원 벌었다」, 연합뉴스, 2019. 7. 22.

● 디즈니의 마블 인수 시너지

2009년 8월 31일 디즈니는 마블을 40억 달러에 인수했다. 디즈니의 M&A 전략은 디즈니의 캐릭터 포트폴리오에 히어로적인 캐릭터를 보강해 남성 팬덤을 확보하기 위한 것이었다. 그리고 이 전략은 정확히 적중했다. 앞서 소개한 기사에 의하면 2019년 중반을 기준으로 인수한 지 10년 만에 5배에 가까운 투자수익률을 내었다고 한다. 이것은 2009년 당시 마블 인수 40억 달러가 비싸다고 했던 많은 언론들의 비평을 무색하게 만드는 기록이다.

마블을 활용한 디즈니의 수익창출은 현재 진행형이다. 2019년 11월에 시작한 Disney+ 서비스는 픽사^Pixar, 스타워즈^StarWars, 내셔널지오그래픽^National Geographic을 포함해 마블 콘텐츠를 스트리밍하고 있다. 또한 파리의 디즈니랜드에 마블 캐릭터들을 주제로 한 테마파크를 건설 중이며, 마블의 캐릭터 라이선싱 사업이 활발하게 진행되고 있다. 2019년 「어벤져스: 엔드게임」 이후 「블랙 위도우」, 「샹치」, 「베놈 2」, 「이터널스」 등 마블 캐릭터를 주제로 한 영화를 연달아 론칭하면서 흥행몰이에 힘을 쏟아붓고 있다.

● 디즈니의 마블 통합

사업적 · 물리적 측면

그림9-1: 디즈니와 마블의 법인구조 (참조: Wikipedia)

디즈니는 마블을 흡수합병했지만, 두 조직의 독립성을 유지하고 있다. 그림9-1과 같이 디즈니는 마블의 지분 100%를 보유하고 있지만, 마블 본사를 뉴욕에 둠으로 원래 그 상태를 유지하고 있다. 디즈니는 마블과의 통합에 보존통합을 선택했다. 보존통합이란 두 기업의 업무가 비슷하거나 같지만 조직 내 문화적 차이가 존재해 사업적으로는 통합하나 조직적으로는 두 기업의 독립성을 보존하는 형태이다. 짐작건대 디즈니와 마블은 엔터테인먼트 사업을 영위한다는 점에서 같지만, 제품으로서 다루는 캐릭터들의 성격이 달라 임직원의 업무 형태나 의사결정이 미묘하게 다를 수 있다. 또는 디즈니는 미국의 서부 끝에, 마블은 동부 끝에 위치한 거리적 차이를 감안해 디즈니가 마블의 임직원을 보호하려고 굳이 마블 본사를 무리하게 이전하는 통합을 감행하지 않았을 수도 있다.

그림9-2: 2020년 디즈니의 매출 구조 (참조: 디즈니 연간보고서, 단위: 10억 달러)

마블 조직은 별도로 존재하지만, 마블의 실적은 디즈니의 재무제표로 통합된다. 그림9-2는 2020년 디즈니의 매출을 네 개의 사업별로 구분한 것이며, 마블 실적은 모두 여기에 포함되어 있다. 디즈니 연간보고서에 마블 실적이 별도로 구분하지 않았지만, 디즈니의 영화, 디즈니랜드, 디즈니+ 사업영역에 마블 실적이 골고루 포함되었다.

조직적 측면

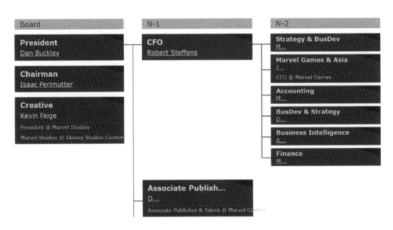

그림9-3: 마블 조직도 중 일부 (참조: theofficialboard.com, 시점 미상)

그림9-3은 마블 조직도 중 일부이다. 이사진[Board]에서 회장인 이삭[Isaac]은 디즈니가 마블을 인수했던 해인 2009년에 마블의 CEO였으며, 디즈니 CEO와 함께 마블의 흡수합병을 주도한 의사결정권자이다. 이삭은 현재 이사회 회장직을 맡고 있다. 이사진 중 한 명인 케빈[Kevin]은 영화「블랙팬서」를 제작했는데, 이 영화는 슈퍼히어로 영화 최초로 2018년에 작품상 후보에 올랐었다. 그는 2000년 마블에 프로듀서직으로 입사했었다. CFO인 로버트[Robert] 역시 2002년 마블 재무팀에 입사했으며, 2015년에서 2021년 초까지 CFO직을 담당했고, 현재는 공동대표를 역임하고 있다.

(인물참조: Wikipedia)

이 모든 것을 고려하면 획기적인 인사정책이 아닐 수 없다. 대개 타깃기업을 인수한 다음 CEO나 CFO와 같은 주요 직책의 기존 임원들을 인수기업 측의 사람들로 교체하는데, 디즈니는 마블의 기존 임원들을 그대로 두었다. 임원 교체가 필요하면 마블에 입사했던 기존의 임직원을 임원으로 등용시켜 타깃기업 임직원 사이에 존재할 수 있는 불안감이나 적대감을 매끄럽게 제거했다. 마블 본사도 옮기지 않고, 마블 출신의 인재들을 임원으로 등용시키는 것을 보면 디즈니의 통합 스타일을 어느 정도 파악할 수 있다. 통합 과정에서 생길 수 있는 대상기업 내부의 불안감을 잠재우고, 기존의 임직원을 최대한 포용하거나 승격시킴으로 대상기업 직원들이 인수기업에 대한 신뢰감을 갖게 만들었다. 사업 측면으로는 디즈니의 인프라를 이용해 타깃기업의 비즈니스를 증강시켜 궁극적으로 현금흐름 창출을 극대화했다. 하나의 비즈니스로 통합하되 두 조직을 인정하는 보존통합을 선택해 성공적인 M&A 결과를 보여 주는 사례이다.

2. PMI의 이해와 속도 조절

> 맥킨지는 W사에 대해 인수 후 통합(PMI)을 위한 공식적인 프로세스가 없었고, 국가 제재 및 금수 조치에 대한 통제도 "전혀 존재하지 않는" 것으로 밝혔습니다. FT가 확인한 문서에 의하면 이런 중요 사항에 대한 부재는 결국 "조직 및 법인의 평판과 경제적 손실, 그리고 법률적 위험으로 연결될 가능성이 높다."라고 언급했습니다. 맥킨지는 W사에 위험과 컴플라이언스 문화에 "실질적인 변화"가 필요하며, 이를 담당하는 인력을 최대 50명 수준에서 고용할 것을 제안했습니다.
>
> 출처: McKinsey warned W** a year ago to take action on controls, FT, 2020. 7. 14.

● PMI란 무엇인가?

앞서 소개한 기사와 같이 기업들이 M&A 프로세스에서 PMI 작업을 소홀히 여기는 경우가 있다. 과장해서 말하면 일단 대상기업을 인수하는 것만 목표로 삼는 것이다. 한 기업을 발굴해 그 기업을 실제로 인수할 확률은 꽤 낮은 편이다. 그러나 그 기업을 인수한 다음 매수한 가격보다 더 높은 가치를 가진 기업으로 바꿀 수 있는 확률은 더욱 낮은 편이다. 딜 소싱도 중요하지만 인수 후 신속한 통합을 이루고 기업가치를 제고하는 것도 매우 중요하다는 뜻이다.

PMI(Post-Merger Integration: 인수 후 통합)란 인수 또는 합병 후 잠재적인 효율성과 시너지를 구체화하고 실현하기 위해 타깃회사의 비즈니스를 재배치하거나 인수기업과 결합하는 업무를 말한다. 비즈니스를 결합하려면 재무, 조직, 영업, 마케팅, 생산, IT, 관리까지 전사적으로 통합해야 하므로 꽤 복잡한 프로세스가 필요하다. 더욱이 다른 환경이나 사회, 기술, 문화 속에서 발생된 두 기업의 시스템을 결합하는 것이므로 매우 어려운 업무이다.

　PMI는 모든 M&A에 동일한 프레임을 적용할 수 없다. 앞서 설명한 바와 같이 합병과 인수는 각각 다른 형태의 결합이며, 합병에도 여러 종류가 있고, 인수에도 여러 형태가 존재하기 때문이다. 먼저 합병이냐 인수냐에 따라 각각 다른 PMI 전략이 필요하다. 합병의 경우 두 기업이 하나의 기업으로 통합되므로 중첩되는 부서나 업무를 하나로 결합해야 하며, 그에 따른 구조조정이 필요할 수 있다. 인수의 경우 모회사와 자회사의 형태를 유지하기 때문에 합병에 비해 결합이 비교적 단조로워 좀 더 신속하게 기업가치제고에 집중할 수도 있다. 엄밀하게 말하면 용어에서도 합병한 다음의 통합을 PMI(Post-Merger Integration), 인수한 다음의 통합을 PAI(Post-Acquisition Integration)로 구분할 수 있다. 이론적으로 전자의 통합이 더욱 복잡하다고 할 수 있다.

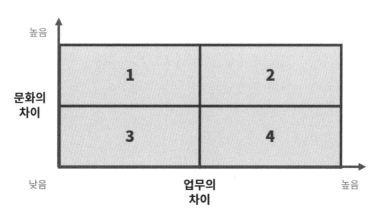

그림9-4: 업무와 문화 차이에 따른 PMI의 속도 측정

통합의 속도나 복잡성은 두 기업 간의 업무와 문화의 차이에 따라 달라질 수 있다. 업무와 문화 차이가 적은 경우 두 기업은 신속한 통합을 이룰 수 있다. 이것은 그림9-4의 3영역에 해당하는 경우로 대개 같은 산업 내 비슷한 문화를 가진 경쟁사 간의 합병이 여기에 해당된다. 이런 경우 두 비즈니스와 조직을 하나로 결합해 신속한 통합을 이루는 흡수통합 형태를 추진할 수 있다.

업무가 비슷하지만 서로 이질적인 문화를 가진 경우가 발생하기도 한다. 그림9-4의 1의 영역에 해당하는 경우로 두 기업이 같은 산업에 있지만, 두 조직의 문화가 다른 경우이다. 이런 경우 비즈니스를 먼저 통합한 다음 시간을 두고 조직을 통합하는 진화적 통합의 방법을 선택할 수 있다.

인수기업과 대상기업의 업무와 문화가 모두 차이가 큰 경우도 있다. 이는 그림9-4의 2에 해당하는 경우로 대개 이종산업에 속한 기업을 인수하는 경우가 여기에 해당된다. 이 경우 두 기업을 신속하게 합병시키는 것은 무리수가 될 수 있다. 따라서 모회사와 자회사의 형태를 유지하면서 두 기업을 별개로 운영하는 보존통합의 방법을 선택할 수 있다.

업무가 전혀 다르면서 문화가 비슷한 대상기업은 사실상 존재하기 어렵다. 따라서 그림9-4에서 4의 영역에 해당되는 통합방법은 생략해도 좋다.

● **PMI의 중요성**

PMI는 대상기업을 인수한 다음 실행하는 업무이지만, PMI를 신속하게 실행하려면 실사 때부터 기획해야 한다. 만약 PMI 기획이 지연되거

M&A거래와 PMI전략 A부터 Z까지

나 잘못될 경우 다음과 같은 상황이 발생할 수 있다.

첫 번째는 대상기업의 핵심인력 유출이다. 일반적으로 M&A에서 대상기업에 속한 임직원의 심리는 불안정한 상태이다. 인수기업이 새로운 리더십과 조직을 구축하는 데 오랜 시간을 들인다면 대상기업의 재능 있는 인력들은 다른 경쟁사로 이직할 확률이 높다. 또는 문화적 측면을 소홀히 여겨 인재들이 새로운 환경에서 불안감이나 불편함을 느끼면 경쟁회사로 떠날 수도 있다. 따라서 대상기업의 임직원에게 앞으로 일어날 조직 변경에 대해 신속히 발표해 미래에 대한 불안감을 해소하되 문화적 차이를 고려해 통합의 방법과 속도를 전략적으로 구축해야 한다.

두 번째는 통합목표를 세우지 못하거나 잘못된 방향으로 설정하는 것이다. 대상기업을 인수하는 이유와 그로 인한 가치동인을 제대로 파악하지 못해 통합의 우선순위를 제대로 세우지 못하는 경우가 이에 해당된다. 가령 인수기업이 사업포트폴리오를 다변화하기 위해 이종산업의 기업을 인수한다고 가정하자. 그런데 PMI를 기획하는 실사팀이 M&A 목적을 제대로 이해하지 못하거나, 전달받지 못해 조직의 구조조정에만 몰두한다면 의도했던 M&A 효과를 제대로 얻을 수 없다. 또는 PMI TF팀을 조직하고도 딜이 클로징될 때까지 아무 계획도 세우지 않는다면 기회비용이 발생하면서 핵심인력들은 경쟁사로 유출될 수 있다.

마지막으로 인수기업이 PMI에만 몰두해 기존 핵심사업을 소홀히 하는 것이다. 중간 관리자가 많아 통합에 너무 많은 시간과 에너지를 쏟거나, 경험이 미숙해 지지부진한 통합을 이룰 경우 핵심 비즈니스가 약해질 수 있다. 통합은 신속해야 함과 동시에 기존 사업관리와 균형을 이뤄야 한다. 그리고 통합이 되어 감에 따라 통합에 투입된 인력들을 차례대로 제자리로 돌아오게 만들어야 한다. 통합의 계획 또는 실행이 너무 조잡해 필요 이상의 시간과 비용을 투입할 경우 핵심사업이 망가질 수 있다는 것을 명심해야 한다.

3. PMI 절차 3단계

대한항공이 지난 6월 30일 산업은행의 확인을 거쳐 아시아나항공 인수 후 통합(PMI, Post Merger Integration) 계획안을 최종 확정했다. 대한항공은 2020년 11월 아시아나항공 신주인수 및 영구전환사채 인수계약을 체결하고, 아시아나항공 및 그 자회사에 대한 실사를 진행했다. 실사를 마친 후 아시아나항공 인수 후 두 항공사의 통합 전략을 담은 PMI 계획안을 3월 17일 산업은행에 제출한 바 있다.

출처: 「대한항공, 산업은행과 최종 PMI 계획 확정」, 프라임경제, 2021. 7. 2.

● PMI 실행과 계획

그림9-5: 기업 인수 절차에서 PMI와 PMI 기획의 시작점

'인수 후 통합'은 말 그대로 인수가 완료된 후 시작된다. 그림9-5에서 보면 4단계의 계약이 완료되면서 5단계인 통합단계로 접어든다. 인수대금을 지불해 인수계약의 효력이 발생되는 시점을 Day 0이라고 하면 Day 1부터 바로 통합이 시작되는 것이다. 따라서 Day 1부터 우왕좌왕하지 않고 질서정연한 통합을 이루려면 Day 0 전까지 통합 계획이 수립돼야 한다. 즉 딜을 클로징한 후 표류하는 시간 없이 통합 성공률을 높이

려면 실사 시점부터 PMI 계획을 수립해 계약이 완료되기 전에 의사결정 권자가 PMI 계획안을 승인해야 한다는 것이다.

그림9-5의 기업 인수 절차에서 PMI 계획 시점을 짚는다면 3단계인 실사가 시작되는 시점이다. 실사기간은 타깃기업에 대해 가장 많이 학습하고 연구하는 시간이므로 통합전략을 세울 수 있는 가장 좋은 시간이다. 이 시점에 통합전략을 잘 기획하면 신속한 통합으로 연결되면서 M&A 성공률을 높일 수 있다. PMI 기획은 M&A팀이나 별도의 PMI팀이 실사 중 통합계획을 수립하면서 리포트 형태의 결과물로 나와야 한다.

● PMI 절차 3단계

그림9-6: PMI 절차 3단계

PMI 절차는 3단계로 구분할 수 있다. 첫 두 단계는 딜이 클로징되기 전의 절차이며, 마지막 단계는 딜을 클로징한 후 PMI 그 자체가 되는 실행 절차이다. 궁극적으로 첫 두 단계는 세 번째 단계인 실행을 위해 존재하는 것이며, 이 첫 두 단계를 계획적으로 진행해 신속하고 성공적인 통합으로 연결되는 것을 목표로 해야 한다.

본 세 단계를 간단하게 살펴보도록 하자. 먼저 1단계는 PMI 프레임워크framework를 정의하는 단계이다. 쉽게 말하면 PMI팀을 구성하고 각자의 역할을 정의하는 것이다. 팀 간 또는 팀 내에서 리더와 서열^{hierarchy}을 정하고, 각자의 역할과 책임에 대한 윤곽을 명확히 하는 것이다. PMI팀은 M&A를 담당하는 팀이 될 수도 있고, 별도의 팀으로 구성될 수도 있다. M&A를 지속적으로 진행하는 사모펀드의 경우 딜을 진행하는 팀과 PMI를 수행하는 팀을 별도로 구분하기도 한다. 통합의 전문화를 위해서다. 딜을 진행하는 팀은 딜을 발굴하고 실사를 진행하면서 위험요소를 발견하고, 가치평가를 수행해 딜을 클로징하는 역할을 담당한다. PMI팀의 경우 딜 팀이 발굴한 타깃기업에 실사 시점부터 투입되어 통합계획을 수립하고, 기업가치제고 전략을 수립한다. 그리고 딜이 클로징된 이후에도 신속한 통합과 가치제고를 위해 경영진과 지속적으로 의사소통을 진행한다. M&A가 경상적인 업무가 아닌 경우에는 M&A를 담당하는 팀이 PMI를 담당하는 것이 효율적일 수 있다.

　2단계는 PMI 기획 단계로 신속한 통합을 이루기 위해 허리 역할을 하는 중요한 단계이다. 프레임워크가 정의되면 PMI팀은 실사시점부터 투입해 통합계획을 기획하고, 실행계획안을 세워야 한다. 그러면 의사결정권자는 딜이 종료되기 전까지 PMI 계획 입안을 검토하고, 수정을 거듭한 후 최종적으로 승인해야 한다. 본 2단계는 아직 계약 전이므로 두 회사는 여전히 독립적으로 운영되는 상태이다. 따라서 인수기업과 타깃기업 간 온전한 정보교환이 여전히 어려울 수도 있다. 이로 인해 구체적으로 수립하지 못한 통합계획이 있다면 딜이 종료된 후 바로 수정하거나 보완해 실행에 옮길 때 부족함이 없어야 한다. 만약 PMI를 기획하는 팀과 PMI를 실행하는 팀이 별도로 구성된 경우에는 기획이 실행으로 끊김 없이 연결될 수 있도록 체계적이고 규칙적인 미팅을 가져야 한다.

3단계는 Day 0 이후의 단계로서 본격적인 통합이다. 1단계와 2단계는 3단계를 위해 존재하는 것이다. 이 시점부터 두 회사의 이익은 공유되고, 의사결정 라인이 통합된다. 통합기획을 체계적으로 수립하기 위해 3단계 이후를 별도의 Phase별로 구분하는 것이 좋다. 예를 들면 Day 1을 Phase I, Day ~7을 Phase II, Day ~30을 Phase III, Day ~100을 Phase IV, Day ~360을 Phase V, 그리고 그 이후를 Phase VI으로 구분하는 것이다. Phase 기간은 통합의 성격이나 인수회사의 전략에 따라 자유롭게 정할 수 있다. 중요한 것은 Phase를 구분해 각 Phase별 달성해야 할 실행계획을 2단계에서 계획하는 것이다. 그리고 3단계에 접어들어 각 Phase별 계획을 실행하면서 수정 및 보완해 가는 것이다. 사모펀드의 경우 대개 2단계에서 Phase IV까지, 즉 인수 후 100일까지 실행할 통합계획을 상당히 구체적으로 수립한다. 그리고 3단계에 접어들면 100일 내의 성과향상에 모든 노력을 기울이면서 그 이후의 계획들을 수립하고 실행한다.

PMI 업무 예시

그림9-6에서 가장 아래의 타임라인은 Day 0과 Day 100으로 구분되었다. 인수하기 전을 Day 0의 좌측라인으로 보며, 인수 후의 구간을 Day 100으로 나누었다. 다음 예시는 PMI 업무를 본 세 구간별로 할당할 때 실행해야 할 가장 기본적인 업무들을 나열해 본 것이다. 더욱 상세한 업무는 다음 Ch에서 논의하게 될 것이다.

Day 0 전
- PMI 프레임워크 정의

- PMI 계획 수립

  - 인수기업과 대상기업의 합병 형태 결정

  - 사업전략 입안 및 비전략 사업처분 계획

  - 임직원 보유계획 및 조직 구조조정 입안

  - 타깃기업과의 직원소통 계획 입안

  - 감독당국 승인계획 입안

  - 기업가치제고 전략 수립

  - 인수 후 100일간 구체적 통합계획 수립

Day 0~100

- Day 1에 경영진 조직 발표, 합병플랜과 조직 구조조정 계획 발표
- PMI 실행팀에 타깃기업의 인력풀 확보
- 업무 변화와 교육 일정 등에 대한 소통
- 시너지 창출을 위한 100일 이후의 Phase별 사업전략 수립
- 조직 구조조정 완료
- 가시적 성과의 시작

Day 100~

- 업무의존도와 조직자율성에 따라 통합속도 조절
- 비전략 사업 처분
- 의도한 M&A 목적에 따른 비전 실현

PMI 기획: 아스트라제네카의 알렉시온 PMI 3단계

1. PMI 1단계 - PMI TF팀 구성하기

삼성토탈을 비롯해 삼성그룹 4개 계열사를 인수하는 한화그룹이 기계·방산 부문과 유화 부문으로 구분한 PMI(post-merger integration, 합병 후 통합) 전담팀에 110여 명의 인력을 배치한 것으로 알려졌다. 23일 업계에 따르면 지난 15일 발족한 PMI전담팀 유화 부문에 60여 명, 기계·방산 부문에 50여 명의 인력배치를 최근 매듭지은 것으로 나타났다. 해당 인원은 ㈜한화, 한화케미칼을 비롯해 각계열사에서 차출했다. 장교동 한화빌딩에 둥지를 튼 PMI전담팀은 내년 초 실사와 자금마련, 기업결합신고를 비롯한 인수합병 기초작업과 시너지 극대화 방안을 추진할 계획이다.

참조: 「한화그룹, PMI 전담팀 110명 배치」, 더벨, 2014. 12. 14.

- PMI 프레임워크 정의란?

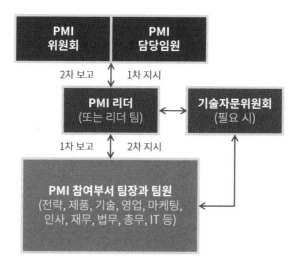

그림10-1: PMI팀 조직 구성도 (참조: Springboard Business Tools)

PMI의 첫 번째 단계는 프레임워크^{framework}를 구성하는 것이다. PMI에서 프레임워크를 구성한다는 것은 PMI팀을 조직한 다음 의사결정을 위한 팀 내 서열과 역할을 정의하고, 승인절차를 수립하는 것이다. PMI팀은 실사 때부터 투입해 영역별 통합의 방법과 가치제고를 위한 실행사항을 정리해야 한다. 이 모든 것들은 M&A 목적을 따라 질서정연하게 관리되어야 하며, 궁극적으로 하나의 보고서로 정리되어 결정권자의 승인을 득해 Day 0부터 실행지침이 되어야 한다.

PMI팀을 구성하고 팀원들의 역할과 통일된 의사결정 체계를 수립하는 것은 결코 단순한 일이 아니다. 또한 각 팀을 진두지휘하고 도출되어야 할 결과물을 한 방향으로 관리하는 것 또한 쉬운 일이 아니다. 그러나 M&A딜을 한 번 경험한 팀이 두 번째 딜을 수행하게 되면 표준화된 매뉴얼이 구성될 수 있고, PMI를 통한 M&A 효과는 배가 될 것이다. 그림10-1은 표준적인 PMI 프레임워크의 한 형태이다. PMI팀의 규모와 역할은 딜의 규모와 성격에 따라 유동적일 수 있다. 하지만 공통적인 것은 PMI 참여인력들이 M&A 가치동인을 공유해야 하며, 각자의 역할과 결과물은 궁극적으로 M&A 동기를 따라 한 방향으로 귀결돼야 한다는 것이다. 그림10-1에서 나타난 각 팀의 역할을 살펴보도록 하자.

PMI 위원회

PMI 위원회(ESC: Executive Steering Committee)는 프레임워크에서 최상위 조직으로 대개 CEO나 CFO 등의 임원진으로 구성된 팀이다. 위원회의 가장 중요한 역할은 M&A를 주관하고, PMI에 관한 주요사항에 대해 최종 의사결정권을 행사하는 것이다. 위원회의 최종책임자는 인수회사가 왜 M&A를 해야 하는지 그 동기를 이미 결정했을 것이므로 PMI의 방향까지 결정해야 한다. 즉 타깃기업 인수로 인한 시너지 효과를 무엇으로 볼 것이며, 그에 따라 대상기업의 구조조정, 통합의 방법, 비용 등 전반적인 영역에서 결정권을 행사해야 한다. PMI 위원회 내부에는 PMI 실무를 총괄하는 임원을 포함해야 하며, PMI에 관한 최종사항이 결정되기까지 1~2주에 한 번 이상 정기적인 미팅을 가져야 한다. 본 미팅에서 보고서를 통해 실무팀이 조사하는 내용을 파악하고, PMI의 방향 수정이나 실사 중 필요한 결정권을 행사해야 한다.

PMI 담당임원

PMI 담당임원(ES: Executive Sponsor)은 대개 M&A 담당부서 임원으로 PMI 위원회에 속해 위원회와 실무팀 사이에서 가장 중추적인 역할을 수행하게 된다. PMI 실무를 총괄하는 PMI 리더에게 위원회의 의견과 우선순위를 알려 줘야 하며, 실무팀이 현재 조사 중인 사항들을 잘 파악하고 있어야 한다. 그래서 위원회의 정기 미팅에서 다른 임원들에게 실무팀의 조사 사항들을 알려줘 필요한 의사결정을 수행할 수 있도록 도와야 한다.

PMI 리더

PMI 리더(IL: Integration Leader)는 대개 M&A 담당부서의 매니저로서 M&A 전략을 이해하고, PMI 실무를 총괄하는 역할을 수행한다. PMI 담당임원과 함께 위원회와 실무를 담당하는 참여부서 사이에서 가장 중요한 역할을 수행하며, 각 참여부서가 무엇을 해야 하는지 알려 주고 그들을 관리 감독해 최종적인 결과물이 산출될 수 있도록 해야 한다. 리더는 PMI 참여부서의 팀장들과 커뮤니케이션을 주도하고, 매 과정마다 보고서를 만들어 PMI 담당임원에게 보고하면서 긴밀하게 협의해야 한다. 리더는 1주에 2~3번 이상 참여부서 팀장들과 정기 미팅을 주관해 참여부서의 보고를 취합해야 하며, 담당임원에게 받은 지시사항을 참여부서에 전달해야 한다. 만약 인수회사가 PMI를 수행한 적이 없을 경우 PMI를 실행할 줄 아는 외부 컨설턴트를 해당 위치에 두어 자문역할을 수행하게 하는 것이 좋다.

기술자문위원회

기술자문위원회(PAC: Product Advisory Committee)는 제품이나 서비스가 집약된 기업을 인수할 때 필요한 조직으로 인수회사와 대상회사 간에 제품의 통합, 신규제품 출시, 기존제품 철회, 유지보수 및 지원 등과 관련해 자문하는 조직이다. 대개 COO, CIO, 또는 CTO를 중심으로 대상회사의 제품이나 서비스를 잘 이해하고 포트폴리오를 기획할 수 있는 임직원으로 구성해야 한다. 만약 스코프^{scope} 딜과 같이 인수회사와 전혀 다른 사업을 영위하는 기업을 인수할 경우 외부에서 전문가를 초빙해 자문조직 형태로 운영할 수 있다.

PMI 참여부서(또는 실무팀)

PMI 참여부서(workstream teams)는 각 부서별로 적합한 통합 계획을 개발하고 실제 실행으로 옮기는 실무팀이다. 실사 시점부터 투입해 각 부서별로 Day 1부터 수행할 계획을 수립하고, Day 1이 되면 각 단계별로 통합업무를 실행하게 된다. 본 참여부서에는 대상기업과 매칭해 전략팀과 인사팀을 비롯해 기술팀, 영업팀, 마케팅팀, 재무팀, 법무팀, 총무팀, IT팀 등으로 구성될 수 있다. 물론 타깃기업의 규모와 속성을 반영해 실무팀에 참여하는 부서를 정해야 한다. 이렇게 구성된 각 실무팀에는 인수기업과 대상기업으로부터 각 한 명씩, 총 두 명의 리더를 두는 것이 좋다. 딜이 클로징되기 전에는 대상기업의 참여리더를 선정하고, 딜이 클로징되면 선정된 리더가 인수기업 실무팀과 함께 통합업무를 수행하는 것이다. 대상기업의 참여리더는 대상기업의 현황과 업무를 잘 알고, 인수기업 참여리더는 통합의 방향을 알기 때문에 두 기업의 리더가 함께 통합업무를 수행하면 그 속도가 빠르고 효과는 배가된다. 각 참여 부서는 실사 중에 매일 또는 이틀에 한 번 아침마다 정기미팅을 통해 해당 과업을 진행하는 것이 좋다. 또한 PMI에는 부서별 상호 의존도가 높은 업무가 존재하기 때문에 팀가나 중첩되는 업무에 대해 조율해야 할 필요가 있다.

- 프레임워크 사례

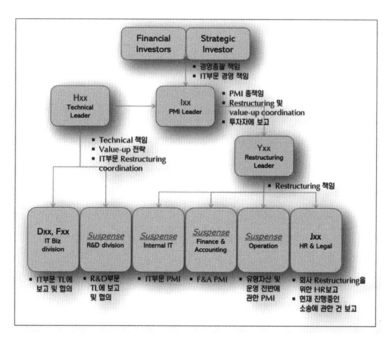

그림10-2: PMI 프레임워크 사례
(참조: 미국 데이터마이닝 기업 대상 PMI 보고서, 제이씨이너스)

그림10-2는 미국 워싱턴에 소재한 데이터마이닝 회사를 인수할 때 조

직한 PMI 프레임워크이다. 타깃기업은 미국 FDA와 같은 관급기관의 데이터를 관리하는 회사이며, 약 300명의 임직원으로 구성되었다. 한편 300명의 임직원 중 소프트웨어 엔지니어가 80% 이상의 비중을 차지하고 있는 가운데 핵심인력이 많이 유출되는 상황에 놓여 있었다. 딜 구조는 사모펀드를 조성해 타깃기업을 인수하는 것이었으며, 펀드에는 경영에 함께 참여할 전략적 투자자와 재무적 투자자로 구성되었다.

본 딜의 가치동인은 영업의 정상화와 핵심사업의 확장이었다. 먼저 핵심사업인 데이터관리 사업을 정상화하고, 확장시킨 다음 알고리즘을 개발해 장기적으로 러닝머신^{learning machine}으로 그 사업을 넓혀 가는 것이었다. 이를 위해 최대한 빨리 핵심인력을 파악해 이들의 유출을 막고, 영업팀을 보강해 더 많은 업무를 수주하는 전략을 기획했다. 그리고 타깃기업의 비핵심사업을 구분한 다음 해당사업을 매각하기로 결정했다. 본 프레임워크에서 PMI 위원회는 펀드에 자금을 제공하는 조합원들이었다. 여기에는 전략적 투자자와 재무적 투자자가 선임한 임직원들로 구성되었다. PMI 참여부서는 세 팀으로 기술팀, 구조조정팀, 가치제고팀으로 구성되었다.

- 먼저 기술팀은 핵심 기술인력을 파악해 그들의 유출을 막는 것부터 시작한다. 나아가 핵심사업을 안정화시키고, 중장기적으로 알고리즘을 개발해 러닝머신 영역으로 진출하는 업무를 담당한다.
- 구조조정팀은 대상기업의 인사팀장과 협업해 핵심인력에게 지급할 보너스를 산정함과 동시에 구조조정할 임원들을 선정하는 작업을 진행한다. 나아가 영업강화를 위해 영업팀을 보강하고, 영업이익률 제고를 위한 전략을 세운다.

- 가치제고팀은 비핵심사업을 구분한 다음 해당 사업에 속한 자산과 부채, 그리고 임직원을 구별한 다음 딜이 클로징되면 매각하는 전략을 수립한다. 가치제고팀의 팀장은 또한 PMI 리더로서 기술팀과 구조조정팀의 업무 방향을 알려 줌과 동시에 그들로부터 취합한 실사자료와 통합계획을 정리해 PMI 위원회인 투자자들에게 보고한다.

이 세 팀은 Day 0이 되면 단계별로 정리한 통합계획을 실행으로 옮기게 된다.

2. PMI 2단계 ① - 시간별 PMI 기획

최근 재계에서 초대형 M&A가 잇따르고 있다. 쌍용차와 대우건설, 아시아나항공, 이베이코리아, 요기요, 이스타항공 등이 매각됐거나 매각 예정이다. 시장에서는 '새우가 고래를 삼켰다'는 말이 공공연하게 나오고 있다. 하지만 일각에서는 '승자의 저주'를 우려하는 목소리 또한 적지 않다. 세종대 경영학부 황교수는 "인수가격이 지나치게 높게 책정되다 보니 이런 우려가 나오는 것 같다"면서 "승자의 저주에 빠지지 않기 위해서는 인수를 위한 기획 및 실사 단계에서부터 전략적인 접근이 필요하다"고 조언했다.

참조: 「승자의 저주 피하려면 PMI 원칙 지켜라」, 시사저널, 2021. 11. 2.

PMI팀을 조직하고, 역할과 의사결정 시스템의 정의가 완료되면 이제 PMI를 기획해야 한다. PMI 기획이란 실사를 수행하면서 Day 0 이후 타깃기업을 어떻게 통합하고, 어떻게 기업가치를 제고할 것인지에 대한 계획을 수립하는 것이다. 성공적인 M&A 결과를 얻기 위한 가장 중요한 절차 중 하나이다. PMI 기획을 처음 접한다면 막연하고 어렵게 느껴질 수 있지만, 한두 번 경험하면서 매뉴얼화할 수 있다. 또한 각 M&A마다 공통적인 작업들을 발견해 요령까지 생긴다. 무엇보다도 잘 짜인 PMI 실행계획은 M&A의 성공확률을 높일 수 있다. 이번 단원에서는 PMI 기획이 시간에 따라 어떻게 진행되는지 살펴본 후 다음 단원에서 각 참여부서가 계획할 수 있는 일반적인 실행계획들이 무엇이 있는지 짚어 보도록 하자.

• 시간에 따른 PMI 기획 절차

그림10-3: PMI 기획 절차 1 (참조: Springboard Business Tools)

그림10-3은 PMI 기획을 시간에 따라 여덟 개의 절차로 나눈 후 처음 네 절차를 보여 주고 있다. 첫 번째 절차는 킥오프kick-off 미팅이다. PMI TF팀이 구성되면 실사에 투입되기 전 또는 실사 첫날 PMI 리더의 주관으로 킥오프 미팅을 갖게 된다. 본 미팅의 목적은 실사팀 전원이 M&A 전략에 부합된 PMI 목표를 설정하고, 기획의 방향을 조정하는 것이다. 이를 위해 PMI 리더는 의제agenda를 작성해 실사팀 전원에 나눠 주고, 부서 팀장들을 중심으로 각 팀의 목표와 업무범위를 조정해야 한다. 여기서 정의해야 하는 것 중 하나는 딜이 클로징되는 Day 0 이후를 어떻게 구분할 것인지 통일하는 것이다. 예를 들면 Day 1을 Phase I, Day ~30을 Phase II, Day ~100을 Phase III, Day ~360을 Phase IV, 그 이후를 Phase V로 구분하는 것이다. 그리고 리더는 각 팀이 설계하는 Day 0 이후의 PMI 기획을 어떤 형태로 만들고, 어떻게 취합할 것인지 정의해야 한다. 이는 모든 팀이 정해진 방식으로 보고서를 작성해 수월하게 취합하기 위함이다. 그다음 각 팀장이 해당 팀의 보고서를 정리해 리더 본인에게 정기적으로 보고하게 해야 한다. 결과적으로 리더가 최종적으로 하나의 PMI 보고서를 만들어 PMI 위원회에 보고하기 위한 것이다.

두 번째 절차는 모든 팀들이 실사를 수행하면서 해당 영역에서 Phase

별로 PMI 실행계획을 개발하는 것이다. 본 실행계획은 기업가치제고 전략까지 포함한다. 통합은 독립된 두 회사를 한 회사로 결합하는 작업이지만, 가치제고는 두 회사 간 시너지를 창출하면서 더 많은 매출과 이익을 창출하는 것이다. 본 절차에서 팀장들은 팀원에게 무엇을 조사하고 기획해야 하는지 명확하게 전달해야 하며, 팀원들이 조사한 내용을 취합해 필요한 경우 재조사나 수정을 요청해야 한다. 그리고 취합한 내용은 정기적으로 PMI 리더에게 보고해 피드백을 받아야 한다. 실무팀은 대상기업의 담당자를 만나 인터뷰를 진행하고, 대상기업이 제공한 자료를 조사하면서 필요한 경우 현장방문을 진행하게 된다. 이러한 실사를 통해 통합에 필요한 사항들을 사전에 정한 보고 형태를 따라 Phase별로 정리하게 된다. 이때 실무팀은 Phase III (Day ~100)까지 매우 구체적인 실행계획을 수립해야 한다. 예를 들어 영업팀의 경우 '100일 이내 해외 고객 확보'가 아니라 '해외에 누구를 타깃으로 어떤 파이프라인을 통해 연락'할 것이며 '100일 내에 확보할 목표 고객 수와 이를 통해 발생할 수 있는 예상매출액'을 상세하게 계획해야 한다. 다시 말해 막연하거나 이론적인 것이 아닌 실제 Day 1부터 바로 실행할 구체적인 계획을 수립한다는 것이다. 100일 이후의 실행계획은 큰 그림에서 주요 포인트만 짚어주면 된다. 그리고 딜이 클로징되며 해당 Phase를 더욱 세분화해 실행계획을 구체화하면 된다.

세 번째 절차는 각 팀이 정기적으로 미팅을 갖는 것이다. PMI를 기획하면서 PMI 위원회는 위원회대로, 실무팀은 실무팀대로 정기미팅을 수행하는 것이다. 본 절차의 목적은 위원회가 실무팀이 조사하고 계획하는 업무를 파악하고, 필요한 경우 방향을 조정하거나 새로운 지시를 내

리기 위한 것이다. 이것이 필요한 이유는 실사를 진행하다가 새로운 중
요한 사실을 발견하게 되면 계획을 보강하거나 수정해 통합의 효율성과
M&A 성공률을 높이기 위한 것이다. 이를 위해 PMI 리더는 담당임원에
게, 본 담당임원은 위원회에 진행 및 보고사항을 알려야 한다. 리더는 위
원회의 피드백이나 결정사항을 팀장들에게 전달해 모든 실무팀이 이를
인지할 수 있도록 해야 한다. 딜의 규모나 유형에 따라 다를 수 있지만
대개 위원회 미팅은 1~2주에 한 번, PMI 리더와 각 팀장 미팅은 1주에 한
번, 각 팀장과 팀원들간의 미팅은 1주에 두세 번 미팅을 진행할 수 있다.

네 번째 단계는 PMI 위원회가 리더와 실무팀이 작성한 최종 PMI 보
고서 초안을 검토하는 것이다. 보고서에는 가치제고 전략을 중심으로
Day 0 이후 단계별로 구성된 PMI 실행계획안이 담겨 있어야 한다. 특히
Phase III(Day ~100)까지의 계획은 Phase별로 구체적이고 실행 가능한
계획들을 포함해야 하며, 위원회는 본 안을 검토한 후 최종적으로 승인
해야 한다. 인사발표, 문서이관, 재무통합과 같은 초기 핵심기능들은 표
준화된 통합방법론에서 비롯될 수 있다.

그림10-4: PMI 기획 절차 2 (참조: Springboard Business Tools)

위원회 승인이 완료되면 다섯 번째 단계로서 Phase별 부서 간 중첩되
거나 상호의존적인 업무들을 조정해야 한다. PMI 리더는 팀장들과 실행

계획을 검토하면서 팀 간 중복 업무를 발견해야 하며, 어떤 한 팀이 선행해야 다른 팀이 수행할 수 있는 업무들을 발견해 그 타이밍과 책임자를 결정해야 한다. 예를 들어 재무팀과 자금팀이 분리된 경우 재무팀에서 먼저 대상기업의 현금과 금융상품 계좌를 파악해 정리하면 자금팀이 기존 금융상품을 다른 상품으로 교체하는 작업을 진행할 수 있다.

이것이 완료되면 이제 딜이 클로징된 다음 날부터 실행할 세부적인 이벤트를 결정하고 준비하는 작업에 돌입한다. 대개 Day 1에는 타운홀 미팅을 통해 새로운 경영진을 발표하거나, 대상기업 직원들을 환영하는 이벤트를 수행하곤 한다. 흡수합병의 경우 두 조직이 하나의 조직으로 통합되기까지 시간이 소요되므로 완전한 통합을 이룰 때까지 형성할 임시조직을 발표하기도 한다. 딜이 클로징되기 전까지 위원회는 Day 1에 수행할 모든 작업들을 승인해야 한다. 그리고 Day 1에 이 모든 것들을 실행하면서 그 다음 단계에서 실행해야 할 것들을 준비해야 한다.

3. PMI 2단계 ② - 부서별 PMI 실행계획 수립

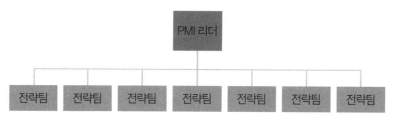

그림10-5: PMI 실무팀의 구조

PMI 실무팀은 적게는 네 팀에서 많게는 열 팀 이상으로 구성될 수 있다. 실사팀의 수나 역할은 딜의 규모, 조직의 특성, 인수전략 등에 따라 달라질 수 있다. 딜의 목적을 위해 필요한 것을 파악하고, 인수기업과 대상기업의 사업을 잘 매칭시켜 팀 구조를 설계해야 한다. 다만 어떤 업무는 다른 팀의 하위업무로 결합되거나 일부 중첩되기도 한다. 예를 들면 재무팀 업무가 완료된 다음 자금관리 업무를 실행할 수 있거나, 제품 포트폴리오가 결정된 다음 마케팅 전략을 수립할 수 있는 것들이 그러하다.

그림10-6: 단계별 실행계획 수립

이렇게 구성된 PMI 실무팀은 실사를 수행하면서 팀의 정의와 역할에 부합된 실행계획을 수립하게 된다. 그리고 실사 내역을 중심으로 수립한 통합계획 중 실행 내역들은 그림10-6과 같이 Day 1 이후 단계별로 정리될 수 있다. 각 팀의 단계별 실행계획이 모이면 한눈에 들어오는 하나의 큰 틀로 완성되며, 구성원들은 이것으로 향후 부서별 또는 주제별 실행계획을 한눈에 알아볼 수 있다.

실무팀은 또한 신속한 통합을 위해 실사 중에 각 팀과 매칭되는 대상기업의 담당자를 지정하는 것이 좋다. 이것은 인수기업 스스로 대상기업을 이해하는 것보다 대상기업의 담당자로부터 각 영역에 관한 자세한 상황과 조언을 듣는 것이 훨씬 효율적이기 때문이다. 이렇게 지정된 대상기업 담당자는 Day 1부터 PMI 팀에 합류해 인수기업과 대상기업의 통합작업을 수행해야 한다. 다음은 각 실무팀의 일반적인 실행계획을 정리한 것이다. 다만 이것들은 공통적이거나 일반적인 상위 수준의 업무이며, 딜의 목적과 사업에 맞게 커스터마이징 customising 하고, 더욱 상세하게 수립해야 한다.

M&A팀 또는 전략팀

PMI 실행계획에서 가장 먼저 수립되어야 할 것은 M&A를 통한 사업전략이다. 이 부문이 먼저 완성되어야 인사, 마케팅, 영업 등의 계획이 수립될 수 있다. 대개 사업전략은 M&A를 주관하는 M&A팀이나 전략팀이 담당할 수 있다. 이 팀은 PMI에서도 총괄매니저 역할을 수행해야 하므로 M&A를 수행하기 전부터 딜의 목적을 알아야 하며, 실사 시 M&A로 얻을 수 있는 시너지와 기업가치제고를 위한 전략을 수립해야 한다. 이를 위해 다른 팀들이 해야 할 일들을 지령하고, 각 팀이 조사한 내용들을 종합하고 조정해야 한다. 또한 딜이 클로징되면 어떤 방식의 통합을 수행하고, 어떤 구조조정이 필요한지 계획해 위원회로부터 승인을 받아야 한다. M&A팀의 일반적인 PMI 실행계획은 다음과 같다.

- 흡수통합, 진화적통합, 보존통합 중 하나의 통합방식 결정
- 매출 증대, 비용 절감(규모의 경제), 사업포트폴리오 다변화 등의 핵심 시너지 평가
- 기업가치제고를 위한 전략을 단기적(Day ~100)으로, 중장기적으로 수립
- 정량화할 수 있는 시너지효과를 설정하고 이후 지속적으로 확인하면서 그 유효성을 평가
- 사업전략, 사업 및 조직의 구조조정, 자회사나 지사 또는 공장의 재배치
- 구조조정 시기와 구조조정과 관련된 비용 결정
- 두 회사의 조직과 역량 평가 후 최적의 통합조직 구조와 보충인력에 대한 밑그림 제시
- 궁극적으로 어떤 임직원이 조직에 남거나 투입되고 누가 떠날지를 결정
- 필요한 경우 두 기업이 완전히 결합할 때까지의 임시조직 구조 결정해 Day 1에 발표
- 문화적 충돌이 예측될 경우 해결/완화 계획을 수립

제품팀

만약 제품 포트폴리오의 다변화가 딜의 목적이라면 대상기업의 제품을 가장 잘 분석할 수 있는 제품팀이 먼저 제품에 대한 전략을 수립해야 한다. 두 조직이 결합해 업계 리더가 될 수 있도록 상위 수준에서 제품전략을 정의해야 한다. 그러면 다른 팀들은 그에 따라 부수적으로 수행할 업무를 정의할 수 있다. 대개 포트폴리오 확장을 위한 M&A는 두 기업의 사업과 조직 모두 통합될 가능성이 높다. 제품팀의 일반적인 통합 실행계획은 다음과 같다.

- 큰 그림에서 두 기업 간 제품의 방향을 검증하고, 상위 수준에서 제품 로드맵 개발
- M&A의 궁극적 목표(예: 1년 이내 업계 리더)를 달성하기 위해 필요한 업무와 일정 정의
- 두 기업의 합병 후 출시할 제품 기획
- 제품에 대한 시장의 피드백 관리

연구개발*R&D*팀

연구개발팀 또는 기술팀은 제품전략을 구현하기 위해 요구되는 기술을 구현하고, 이를 위한 조직이 설계되고 운영될 수 있도록 기획해야 한다. 이를 위해 M&A의 목적을 이해하고 실사에 함께 투입해 대상기업의 진행 중인 연구개발과 핵심인력을 파악할 필요가 있다. 연구개발팀의 일반적인 PMI 실행계획은 다음과 같다.

- 대상기업의 연구개발 현황을 분석하고 R&D 조직 평가
- 제품전략팀이 세운 로드맵을 따라 최종적으로 필요한 조직 구성

- 지적재산권을 보존하고 발전시키기 위해 필요한 핵심인재 유지와 확보 전략
- 계획한 제품전략을 달성하기 위해 개발전략을 세우고, 두 기업 간 예상되는 격차 분석과 조정
- 인수기업과 대상기업이 보유한 기존 문서나 소프트웨어를 확보하고 부족한 부분은 보완

인사팀

인사팀은 M&A팀과 가장 밀접하게 PMI 계획을 수립하고 실행하는 팀이다. 두 기업의 통합과 구조조정 계획이 완성되면 인사팀은 그 밑그림을 따라 인사전략을 수립해야 한다. 이는 전략팀에서 사업구조조정을 수립할 경우 인사 측면의 구조조정을 기획하고, 퇴직금과 M&A로 인한 위로금에 소요될 자금을 추산하는 것으로 시작한다. 인사팀은 또한 실사 중에 대상기업의 임금과 복리후생을 분석해 인수기업과의 차이를 위원회에 보고해야 하며, 위원회 결정에 따라 인수 후 조정된 복지정책을 실행해야 한다. 무엇보다 중요한 것은 딜이 클로징되기 전부터 핵심인력을 파악해 어떻게 유지할 것인지 방법을 강구해 위원회의 승인을 득해야 한다. 이를 위해 실사 전부터 또는 딜이 클로징된 직후에 대상기업의 인사팀을 함께 참여시키는 것이 유용하다. 인사팀의 일반적인 통합 실행계획은 다음과 같다.

- (필요한 경우 각 팀과 협의하면서) 인수기업과 대상기업의 핵심인력을 파악하고, 이들의 이탈 방지를 위한 계획을 개발하고 실행
- Day 1과 Day 30에 걸쳐 주요 FAQ를 순차적으로 공지 (예: 조직 내

보고체계, 통합의 형태와 절차, 필요한 경우 통합 전 임시조직, 구조조정 계획과 시기, 조직에서 떠날 임직원의 전환^{transition} 계획, 대상기업 임직원의 교육계획 등)

- 각 기능별·영역별 담당자와 협력해 전환될 직원과 분리될 직원을 구분
- 두 조직 간 임금과 복리후생 정비
- 직원의 이탈 방지 및 만족도를 지속적으로 모니터링할 수 있는 시스템 개발과 실행

문화

문화팀의 역할은 매우 중요하다. 대상기업 문화를 인수기업 문화로 통합하는 속도와 정도를 결정하기 때문이다. 이를 위해 먼저 문화에 포함시킬 기준을 정한 다음 대상기업의 문화를 인수기업과 대조하면서 면밀하게 분석해야 한다. 만약 별도의 문화팀이 없는 경우 인사팀이 본 업무를 수행해야 한다.

- 문화의 정의 (일반적으로 성과 측정의 방법, 의사결정 체계, 근무의 분위기, 팀 간 협업이나 개인의 독립성, 조직의 서열적 구조, 의사소통 방법, 회사에 대한 직원의 인지 등)
- 대상기업의 문화를 잘 이해하기 위해 대상기업 인사담당부서와 의사소통
- 두 회사의 고유한 특성을 잘 비교한 다음 가장 적합한 통합의 방법을 선택
- 이전 통합작업을 했다면 과거의 교훈을 최대한 활용

영업

영업팀의 전략과 실행은 성과로 드러나는 경우가 많다. 이는 매출액과 직결되기 때문이다. PMI에서 영업팀의 최종결과물은 궁극적으로 고객의 확장으로 이뤄져야 한다. 특히 인수 후 100일 내에 가시적 성과를 창출하려면 구체적으로 확장할 수 있는 타깃고객을 리스팅해야 한다. 이를 위해 먼저 인사팀과 함께 영업조직의 효율성을 제고한 다음 기존 고객의 이탈을 방지하면서 고객을 다변화할 수 있는 실행계획을 수립해야 한다. 영업팀의 주요 실행계획은 다음과 같다.

- 대상기업의 고객 분석 후 주요 고객의 이탈 방지를 위한 전략 수립
- 대상기업의 핵심 영업인력을 파악한 후 인력 이탈 방지를 위한 계획 수립
- 두 조직의 고객 간 계약서 형태와 승인 프로세스를 비교한 후 통일의 필요성 분석
- 효율적인 영업전략을 도출하고, 필요할 경우 두 조직의 공통된 영업운영 프로세스를 구현
- 두 기업이 통합할 경우 가장 효율적인 영업팀의 통합형태 구현
- 두 기업의 제품이 다를 경우 상호 연계하여 판매할 수 있는 전략 개발
- 고객관리팀에서 고안한 기존 고객과 잠재 고객의 연락 실행
- 인수 후 100일 내 매출증대를 실현할 수 있는 잠재적 고객을 리스팅한 후 Phase II부터 접촉

고객관리

고객관리팀의 주요 업무는 현재의 고객군을 유지하면서 더 많은 고객

을 확보하기 위한 전략을 수립하는 것이다. 고객관리팀과 영업팀 업무는 상호 보완적이면서 매우 의존적이다. 영업팀이 신규로 창출한 고객을 고객관리팀이 유지해야 하며, 동시에 영업팀이 신규로 고객을 창출할 수 있도록 도와야 한다. 만약 고객관리를 담당하는 별도의 팀이 없을 경우 본 영역을 영업팀의 업무에 포함시켜야 한다.

- 대상기업의 기존 고객과 잠재 고객을 분석

  (예: 3단계 구분할 경우 - 1. 성장 가능, 2. 중요 고객, 3. 잠재 고객)

- 각 고객군에 대한 접촉 계획 수립

  (예: 1, 2고객군에 전화 또는 방문, 3고객군에 이메일)

- 앞서 정의한 부문별 고객에 대한 목표 정의

  (예: 1. 성장 가능 고객에 최상위 제품을 판매, 3. 100일 내 잠재 고객의 10% 확보)

- 두 조직 간 겹치는 고객군을 식별하고, 고객잠식^{cannibalisation}을 방지하기 위한 전략 수립

- 전략적 목표 공유를 위해 영업팀과 정기적인 회의

- 고객이탈 위험을 모니터링하는 조기 경보시스템 개발

- 영업팀과 함께 기존 고객을 유지하고, 신규 고객을 창출하기 위한 전략과 실행계획 정의

마케팅

마케팅팀의 주요 역할은 고객에게 기업의 브랜드와 제품을 인지시켜 영업팀의 영업력을 극대화하는 것이다. 이를 위해 인수기업과 대상기업의 고객을 대상으로 두 조직의 합병 또는 인수에 관해 일관된 메시지를

전달해야 한다. 마케팅과 관련된 실행계획은 다음과 같다.

- 고객을 대상으로 Day 1과 그 이후에 영향력 있는 커뮤니케이션 캠페인을 개발하고 유지
- 통합된 조직의 마케팅 및 브랜드 전략 개발
- 내·외부 웹서비스 업데이트와 FAQ 준비
- 캠페인 효과를 평가하고, 필요한 경우 수정

재무회계와 세무

M&A 효과는 결국 실적에서 드러나야 한다. 두 기업이 독립적으로 존재할 때 합한 실적보다 두 기업이 결합된 후 합한 실적이 더 커져야 한다. 이것이 시너지다. 재무팀은 이 시너지를 측정하고, 피드백을 제공하는 역할을 한다. 이를 위해 두 기업이 통합된 이후 일관된 회계 기준을 따를 수 있도록 준비해야 하며, 경영진의 사업기획을 수립하고, M&A효과를 정기적으로 점검할 수 있는 지표를 제공해야 한다. 세무 업무를 포함해 재무팀의 실행계획은 다음과 같다.

- 대상기업의 회계정책을 분석하고, Day 1부터 일관된 회계정책이 적용될 수 있도록 준비
- 매출증가율, 이익률 향상 등 정기적으로 시너지를 측정할 수 있는 재무모델(또는 지표) 준비
- 향후 1~3년의 재무제표를 추정해 전략팀을 비롯해 각 팀이 재무지표 개선을 위해 취해야 할 액션[actions]을 정의하게 함
- 두 조직, 또는 통합조직의 자금수지계획을 세우고, 규정에 따라 적시에 필요한 재무서류 작성(분기보고서, 반기보고서, 사업보고서 등)

- 두 기업이 통합될 때 과세대상이 되는 모든 수익을 추정
- 대상법인과의 통합으로 인한 세금 영향 평가
- M&A로 세금 계획 전략의 변경이 필요한지 여부를 결정

자금

기업은 자금으로 두 가지의 투자활동을 할 수 있다. 하나는 매출액 증대를 위해 재고를 늘리거나 생산설비를 구축하는 재투자, 그리고 다른 하나는 자금을 보존하면서 시장수익률을 얻기 위한 금융투자이다. 자금팀은 후자의 업무를 담당한다. PMI에서 자금팀의 실행계획은 통합조직의 금융자산을 관리하는 것이다.

- Day 1에 대상기업의 모든 현금계좌를 인수기업 계정으로 통합하거나 별도의 관리
- 대상기업의 영업비계좌와 급여계좌를 인수기업 계정으로 통합하거나 별도의 관리
- 대상기업 고객을 위해 준비된 송금 지시서 수정
- 통합조직이 운영계획에 따라 집행해야 할 금융자산을 확보하도록 준비

법률

법률팀은 인수기업과 대상기업 간의 법적 문제와 대상기업의 내부통제를 정리해야 한다. 만약 대상기업이 많은 지적재산권을 보유하고 있거나, 그 사업이 정부당국의 규제를 받는다면 Day 1 이후 Phase별로 점검해야 할 것과 해결해야 할 것들을 정리해야 한다.

- 대상기업 법무팀과 내부통제^{compliance}팀의 기능 및 책임을 분석해 통합전략 결정
- 통합된 조직의 법적 문제에 대한 프로토콜 결정; 소송, 규제, 계약 검토와 관리, 상표, 라이센싱, 고용법 등

IT

IT팀은 두 조직의 기존 시스템을 비교·분석한 다음 관련 정책을 따라 통합기업에서 지속할 시스템을 수립해야 한다. IT 업무 역시 통합의 방법과 기업 규모에 따라 그 업무량이 달라진다. 두 기업의 규모가 클수록, 인수가 아닌 합병을 선택할 경우 업무량은 더 많아질 수 있다.

- 이메일 시스템 통합, 주요 시설들의 네트워크 연결, ERP 통합, 서버·가공·백업 등의 데이터센터 연결
- 회사의 인적 관리 소프트웨어를 평가해 인수기업의 기존 패키지에 통합할 솔루션 제안
- 재무회계 프로그램이나 소프트웨어를 평가해 인수기업의 기존 패키지에 통합할 솔루션 제안
- 내부 지식을 공유하기 위한 솔루션을 평가하고 제안
- 대상기업의 네트워크, 도메인, 파일, 인쇄 서버 지원을 위한 솔루션 평가 및 제안
- 컴퓨터, 소프트웨어 라이선스, 응용프로그램 등의 계약서를 분석해 인수기업의 마스터계약에 편입
- 두 조직이 사용하는 프로그램을 확인하고 평가해 남겨 둘 응용 프로그램과 관련 지원 요구사항을 결정

총무팀

총무팀은 두 조직이 효율적으로 업무를 진행할 수 있게 함과 동시에 원가를 절감할 수 있는 방안을 모색해야 한다. 만약 두 조직이 한 조직으로 결합한다면 오피스, 공장, 설비 등의 물리적 통합부터 소모성 유형 자산에 대한 정리까지 시설관리와 구매측면에서 많은 것들을 정리해야 한다.

- 오피스 통합 계획 수립
- Day 1부터 우편물 처리와 배포 계획 결정
- 두 조직이 보유하거나 렌트한 모든 부동산 목록 정리
- 통합 후 시너지를 고려한 부동산과 시설 결정
- 비용 절감 및 관련 일회성 비용 예측
- 대상기업의 중요한 구매 계약과 약정 파악

4. 100일 내 기업가치제고 전략

신세계그룹은 이마트를 통해 이베이코리아 인수를 위한 '지분 양수도 계약 (SPA)'을 체결하기로 했다. 이베이코리아의 지분 80%를 인수대상으로 약 3조 4000억 원의 자금을 베팅했다. 정 부회장은 "얼마가 아니라 얼마짜리로 만들 수 있느냐가 의사결정의 기준"이라고 강조하기도 했다. 증권업계 한 관계자는 신세계그룹의 이번 딜에 대해 "투자에 따른 시너지가 확실하다는 보장이 없어 장기적으로는 위험 요소가 잔존하는 것은 사실"이라고 설명을 덧붙였다.

출처: 「정용진의 뚝심, '승자의 저주' 피해 갈까」, 더벨, 2021. 6. 25.

● **M&A 시장의 생태계 변화**

M&A 시장에서 딜의 공급보다 수요가 증가함에 따라 '싸게 사서 비싸게 파는' 전통적인 전략이 더 이상 통하지 않는 시대가 되었다. KKR의 최고운용책임자 CIO는 '이제 정상적인 가격에 사서 비싸게 파는 전략을 수행해야' 한다고 언급했지만, 이것도 2015년에 언급된 내용이다. 지금은 그때보다 더 많은 자금들이 M&A 매각대상만 기다리고 있는 실정이다. 그렇다면 '비싸게 사더라도 더 비싸게 만들어야 하는' 전략이 필요하며, 이 경우 PMI를 통한 기업가치제고는 훨씬 중요해진다.

PMI 실행계획에서 기업가치제고 전략은 가장 핵심이 되어야 한다. 신속하고 효율적인 PMI는 궁극적으로 기업가치를 극대화하기 위한 결과로 수렴되어야 한다. 이를 위해 인수 후 100일 내에 가시적 성과를 끌어올리기 위한 전략을 수립해야 한다. '왜 100일이냐'라는 의문이 생길 수도 있다. 100일은 한 분기, 즉 3개월이 조금 넘는 기간으로 기업의 실적을 측정하는 최소한의 단위가 된다. 이 최소한의 단위에 실적을 개선하려면 경영전략은 매우 구체적이고, 실행적이어야 한다. 단순히 '매출액 증대'가 아니라 '어떤 제품을, 어떤 고객에게, 어떤 방식으로 접근해서, 얼마만큼의 매출액을 끌어올릴 것인가'라는 구체적인 계획을 세워야 한다. 이를 위해 인수기업은 대상기업의 기존 경영진이 수행한 경영모델을 면밀하게 분석해 그 장단점을 파악하고, 수정할 부분과 보충할 부분을 찾아야 한다. 그리고 딜이 클로징되면 실사 시점에서 수립한 경영전략을 실행하면서 새롭게 발견되는 부분들을 반영하고 수정해 나가야 한다.

● **기업가치제고 전략**

기업가치제고는 궁극적으로 현금흐름 증대로 나타나야 한다. 이때 사용할 수 있는 현금흐름 중 하나는 잉여현금흐름이다. 잉여현금흐름은 기업가치를 본질적^{fundamental} 가치로 평가할 때 사용되며, 크게 네 가지의 요소로 구성된다. 영업이익을 구성하는 매출액과 비용, 자본적지출, 그리고 운전자본의 증감이다. 잉여현금흐름을 높이기 위해 매출액은 높이고, 비용은 낮춰야 한다. 자본적지출을 낮추면 단기적으로 현금흐름이 높아질 수 있지만, 장기적인 매출 증대를 위해 효율적으로 높여야 한다. 운전자본은 매출액이 증가함에 따라 증가하지만 적정량의 재고수준을 유지하면 현금흐름을 개선할 수 있다.

M&A거래와 PMI전략 A부터 Z까지

추가 성과
1. 매출액 증가
2. 이익률 개선

기본 성과
3. 자본의 효율적 운용
4. 기업간 비즈니스 및 서비스 공유

그림10-7: 기업가치제고 전략

매출액 증가

매출 증대는 가치제고 전략에서 가장 중요하다. 원가를 절감해 영업이익을 개선하는 데는 한계가 있지만, 매출액 증가에는 한계가 없기 때문이다. 이를 위해 실사 시점부터 대상기업의 매출 성장을 위한 전략을 기획해야 하며, 이는 인수 후 가장 초기에 실행돼야 한다. 매출액은 다음과 같은 활동을 통해 증가시킬 수 있다.

- 독과점 시장점유율을 활용한 가격경쟁력 확보
- 기존 제품의 매출 증대를 위해 신규고객 확보 또는 신규시장 진입
- 제품 포트폴리오의 다변화
- 사업 포트폴리오의 다변화

$$매출액 \uparrow = \sum_{j=1}^{n \uparrow} (P_j \uparrow \times Q_j \uparrow)$$

P_j: 제품 j의 가격, Q_j: 제품 j의 판매수량, j: j제품으로 1부터 n까지 존재

매출액은 기업이 생산하는 각 제품의 가격과 수량의 곱으로 표현할 수 있다. 매출액을 올리는 방법에는 가격을 올리거나, 판매량을 높이거나, 제품의 종류를 늘리는 세 가지의 유형이 있다.

- 먼저 가격을 높이는 전략($P \uparrow$)은 시장에서 높은 가격을 받아들일 수밖에 없을 때 가능하다. 만약 시장에서 해당제품이 경쟁제품에 비해 경쟁적 우위에 있거나 대체제가 존재하지 않고, 독과점 형태에 있다면 가능한 전략이다.

- 그다음 기존 제품의 판매수량을 높이면($Q \uparrow$) 매출액을 증가시킬 수 있다. 판매수량을 늘리려면 신규고객을 확보하거나 신규시장에 진입해야 한다. 이를 위해 영업팀을 효율적으로 운영하고, 필요한 경우 인원을 보강하고, 마케팅을 강화하기 위한 전략을 구상해야 한다.

- 마지막으로 제품이나 사업 포트폴리오를 다변화($n \uparrow$)해 매출액을 올릴 수 있다. 신제품 출시를 위해 연구개발을 효율적으로 진행하고, 새로운 사업 확보를 위해 신규사업팀을 창설해야 한다. 또는 기존의 다른 사업을 인수하는 방법도 고려해 볼 수 있다.

이러한 매출액 증대에는 전략팀을 중심으로 제품팀, 영업팀, 마케팅팀, 재무팀, 연구개발팀이 함께 관여해 종합적인 기획을 추진해야 한다.

이익률 개선

매출액을 아무리 높여도 이익률이 낮으면 현금이 쌓이지 않는다. 이익률을 개선할 때 매출액이 증가함에 따라 유보되는 현금이 많아져 기업가치를 높일 수 있다. 이익률을 높이려면 매출원가와 판매관리비를 효율적으로 관리해야 한다.

매출원가 측면
- 최적의 재고량을 측정해 운전자본을 낮추고 매출원가를 개선
- 스케일^{scale} 딜인 경우 기업간 중첩되는 업무와 간접비를 제거
- 비핵심분야 자산을 매각해 아웃소싱으로 전환

판매관리 측면
- 판매관리비의 효율성 측정 후 필요 이상 소요되는 비용 축소
- 잠재적으로 상업성이 높은 제품의 연구개발에 주력

최적의 재고량을 유지하면 매출원가를 낮출 수 있을 뿐 아니라 현금 흐름까지 개선할 수 있다. 매출액이 증가함에 따라 추가적으로 구매하는 재고량이 적절하기 때문이다. 제품팀과 구매팀 및 생산팀은 적정 재고량을 측정하고, 이를 유지함으로 운전자본을 효율적으로 운영해야 한다. 또한 퀄리티는 유지하거나 개선하면서도 구매비용을 절감할 수 있는 대안이 있는지 찾아봐야 한다. 그와 함께 실사 시에 운영비 절감을 위해 낮출 수 있는 간접비를 측정해야 한다. 만약 인수기업과 대상기업 사업이 같을 경우 중첩되는 자산과 업무를 단일화함으로 간접비 절감효과를 극대화할 수 있다. 대상기업이 만약 필요 이상으로 고정자산을 보유하거나 핵심사업에서 벗어나는 자산이 있다면 이를 매각해 아웃소싱으로 전환해야 한다. 이를 통해 일시적 현금유입을 얻을 수 있고 기존자산

을 보유하기 위해 수반되었던 관리보수비용과 인력비용을 절감할 수 있기 때문이다. 대상기업에서 진행하고 있는 각 연구개발을 면밀하게 분석해 투자대비 얻게 될 수익을 측정해야 한다. 투자수익률이 낮을 것으로 판단되는 연구는 철회하고, 상업성이 높을 것으로 판단되는 연구에 주력해 연구개발의 효율성을 높여야 한다. 단, 비용을 과도하게 낮춰 제품의 질을 떨어뜨리거나 임직원의 사기를 저하시켜 핵심인력들이 이탈할 가능성은 없는지 예측해야 한다. 이는 장기적으로 매출을 떨어뜨리는 부작용으로 연결되기 때문이다. 이익률 개선작업은 전사적 업무이므로 제품팀, 연구개발팀, 구매팀, 생산팀, IT팀, 총무팀의 계획을 종합해 전략팀이나 재무팀이 이를 관리하고, 정기적으로 점검해야 한다.

자본의 효율적 운용

- 단기자본 운영은 운전자본 효율성에 집중
- 장기자본 운영은 고정자산 효율성에 집중

자본의 효율적 운용은 곧 효율적인 투자지출을 의미한다. 매출액 성장을 위해 기업은 단기적으로 운전자본에, 장기적으로 고정자산에 투자한다. 앞서 언급한 것처럼 최적의 재고량을 찾아 초과 보유한 재고분을 줄이고, 매출채권과 매입채무 회전기간을 개선하면 운전자본을 효율적으로 운영할 수 있다. 또한 실사 중에 대상기업의 건설 중인 자산을 재평가해야 한다. 인수기업 비전과 부합하지 않은 자산에 투자가 진행 중인 경우 해당자산을 매각하거나 투자를 철회하고, 가치제고와 연결되는 자본적지출^{CapEx}을 선택해야 한다. 이미 완성된 자산의 경우에도 대상기업의 비핵심분야에 속하거나 인수기업 비전과 맞지 않는다면 매각을 고려할 수 있다. 이러한 모든 활동들은 장·단기적으로 잉여현금흐름을 높이는 요소가 된다.

기업 간 비즈니스 및 서비스 공유

인수기업과 대상기업의 사업과 서비스를 공유해 시너지효과를 더할 수 있다. 먼저 매출 측면에서 두 기업이 보유한 플랫폼에 양사의 제품이나 서비스를 교차 접목하면 시너지를 발휘할 수 있다. M&A를 통해 제품 포트폴리오가 다양해진 경우 두 기업의 고객에 양사의 제품을 마케팅함으로 매출액을 증대하는 것이다. 만약 두 기업의 합병으로 독과점 형태의 시장점유율을 갖는다면 제품 가격을 서서히 올리는 것도 방법이 될 수 있다. 비용 측면에서 두 기업이 공통적으로 구매하는 원재료가 있다면 규모의 경제를 활용해 매출원가를 낮출 수 있다. 또한 보험이나 백오피스 부문에서 공동구매를 통해 거래처에 가격 협상력을 가짐으로 판매관리비를 낮추는 것도 한 방법이 될 것이다.

● 사모펀드의 기업가치제고 측정 방법

대상기업의 기업가치 = 대상기업의 EBITDA × 비교기업의 EV/EBITDA

사모펀드는 대상기업의 기업가치를 평가할 때 EV/EBITDA 배수를 즐겨 쓴다. 기업을 매수했다가 시장에서 다시 매각해야 하는 사모펀드 입장에서 시장가치가 중요하기 때문에 주식의 시장가치를 반영하는 EV/

EBITDA 배수가 좋은 지표가 된다. EV/EBITDA를 활용해 기업가치를 평가할 때 대상기업의 EBITDA를 높이면 기업가치는 높아진다. 만약 할 수 있다면 대상기업의 사업구조를 변경해 비교기업군을 바꿈으로 더 높은 EV/EBITDA 배수를 갖는 것도 한 방법이다. 마지막으로 순부채[net debt], 즉 금융부채와 현금성자산의 차액을 줄임으로 주식가치를 높일 수 있다.

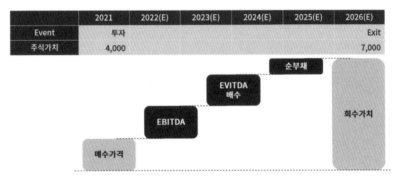

그림10-8: 사모펀드의 기업가치제고 측정

사모펀드의 투자수익은 회수가격에서 매수가격의 차액인데 이 차액은 세 가지 요인에서 비롯될 수 있다. 대상기업의 EBITDA 제고, EV/EBITDA 배수의 향상, 그리고 순부채의 개선이다. EBITDA는 현금성 영업이익이므로 앞서 설명한 방법을 통해 매출액을 높이고 이익률을 개선하면 된다. 사모펀드 입장에서 EBITDA는 중요한 재무지표이므로 정기적으로 EBITDA 성장을 측정해야 한다.

EV/EBITDA 배수를 향상시킨다는 것은 핵심사업을 부가가치가 더 높은 사업으로 변환함으로 가능한 것이다. 이는 단순히 영업이익을 늘리는 것을 넘어 사업의 DNA를 바꾸는 작업이므로 쉬운 작업은 아니지만 불가능한 스토리는 아니다. EV/EBITDA 배수는 사업 포트폴리오를 변경하거나 확장함으로 높일 수 있다. 예를 들어 핵심사업에서 연계할 수 있는 부가가치가 더 높은 신규사업으로 진출하든가, 아니면 다른 사업을 인수하는 것이다. 델 컴퓨터의 경우 창업자이자 CEO였던 마이클 델은 컴퓨터 하드웨어사업에서 EMC라는 회사를 인수해 클라우딩 사업으로 진출했다. 이후 클라우딩 사업에서 데이터관리와 사이버보안, 그리고 머신러닝$^{machine\ learning}$ 사업으로 진출함으로 사업의 DNA를 완전히 탈바꿈했다. 2013년 기준으로 델 컴퓨터는 단일회사로서 주식가치는 20조 원이었다. 그러나 현재는 상장사인 델 테크놀로지와 VMware를 포함해 일곱 개의 회사로 구성된 그룹이며, 그 주식가치는 200조 원이 넘는다. 단순히 EBITDA가 아닌 EV/EBITDA를 개선한 대표적인 사례로 손꼽힌다.

마지막으로 자금수지를 잘 관리해 기존 금융부채를 최대한 줄이면 외향적으로 재무건전성이 좋아 사모펀드 입장에서 매각 시에 유리해진다. 거기에 운전자본을 효율적으로 관리하고 불필요한 자본적지출을 줄임으로 내부 현금보유량을 증가시키면 순부채가 감소해 대상기업의 주식가치는 올라가게 된다. 이렇게 사모펀드는 기업가치제고를 위해 EBITDA, EV/EBITDA, 그리고 순부채 개선에 집중한다.

5. PMI 3단계 - PMI 실행하기

• PMI 실행 절차

그림10-9: PMI 실행 단계의 예

딜이 클로징되면 이제 두 기업의 이익은 공유되기 시작하며, 2단계에서 수립한 통합계획을 실행해야 한다. 그리고 인수기업 인력으로만 구성된 PMI팀에 대상기업 인력이 합류함으로 통합작업은 두 기업의 공동업무가 된다. 위원회는 신속한 통합을 위해 딜이 클로징되기 전 대상기업의 임원진 포지션을 결정해야 하며, Day 1에 타운홀 미팅을 통해 이 사실을 전 직원에게 알려야 한다. 그와 함께 대상기업 직원들을 환영하는 이벤트를 가짐으로 대상기업 직원들이 가질 수 있는 불안감을 해소하도록 노력해야 한다. 만약 두 조직을 한 조직으로 합병하기로 결정했다면 이 사실을 알리고 두 기업이 완전히 합병될 때까지 임시조직과 의사결정체계를 발표해야 한다.

Day 1의 행사가 끝나면 각 부서별로 Phase II (Day ~30) 계획을 실행해야 한다. 인사 측면에서는 핵심인력 유출을 막기 위한 정책을 실행해야 하며, 대상기업 조직 내에 존재할 수 있는 막연함과 불안감을 해소하기 위해 향후 구체적인 인사정책을 발표해야 한다. 만약 두 기업 간 중복되는 부서나 포지션을 조정하기로 결정했다면 구조조정이나 조직변화에 대해 사전에 알린 다음 신속하게 윤곽을 잡아 나가는 것이 좋다. 영업 측면에서는 대상기업의 고객리스트를 완전히 파악해 기존 고객 유지에 힘써야 하며, 매출증대를 위한 신규 고객 확보를 위한 전략이 수립되어야 한다. 그리고 두 기업이 보유한 제품과 고객 파이프라인을 활용해 창출할 수 있는 시너지를 발견해야 한다.

Phase Ⅲ인 인수 후 100일은 랜드마크적인 시점이다. 100일이면 통합효과가 드러날 수 있고, 분기실적을 볼 수 있기 때문이다. 몇몇 유명 사모펀드들은 100일 이내 가시적 성과 창출을 목표로 하는 경우가 많다. PMI 실행계획을 수립하는 시점에서 실적개선 전략 수립 시 1년을 목표로 하는 것보다 100일로 목표를 할 때 더욱 신중하고 면밀하게 분석할 수 있고, 그에 따른 전략들을 세부적으로 수립할 수 있기 때문이다. 성과측정을 위한 지표는 현금흐름과 직접 연결되는 매출액, 영업이익 또는 영업이익률, 특정 고객의 확보, 목표한 계약 건의 수주 등이 될 수 있다. 한편 두 기업이 목표한 조직구조 역시 100일 이내에 완료한다면 조직이 빨리 안정되면서 핵심사업으로의 집중도 빨라질 수 있다.

딜 클로징 전에 구체적인 100일 계획을 수립했다면, 딜 클로징 후 100일까지 Phase Ⅳ~Ⅴ의 실행계획을 구체화하고, 위원회는 이를 승인해야 한다. Phase Ⅳ에선 IT 시스템의 통합, 대상기업 직원의 필요한 교육 이수 완료, 두 기업의 오피스 통합 등이 될 수 있고, Phase Ⅴ에선 비주력 사업 매각, 사업적 구조조정 완료, 두 브랜드가 한 브랜드로의 통합 등이 될 수 있다. 그리고 Phase Ⅳ로 접어들면서 주요 업무들은 순서대로 일상적인 업무로 전환되어야 한다. 어떤 업무 또는 어떤 팀은 빠른 시일 내에 일상적인 비즈니스로 전환할 수 있지만, 어떤 업무들은 더욱 오래 걸릴 수 있으므로 그 특성을 이해해 유연하게 대처해야 한다.

단계	Phase II (Day ~30)	Phase III (Day ~100)	Phase IV (Day ~180)	Phase V (Day ~360)	Phase V 이후 (Day 360 ~)
전략		• 1차 시너지 효과 측정	• 구조조정 완료 • 흡수통합 완료 • 2차 시너지 효과 측정	• 사업 구조조정 완료 • 3 · 4차 시너지 효과 측정	• 비핵심사업 매각
인사	• 구조조정 또는 조직변화 발표	• 핵심인력 보유정책 실현	• 두 조직의 임금과 복리후생 완료	• 대상기업 임직원 필수 교육 완료	
영업과 마케팅	• 대상기업 고객파악 • 영업팀 통합	• 기존고객 유지전략 실행 • 1차 신규고객 창출	• 두 기업간 파이프라인 시너지 창출 • 통합조직 마케팅 실시	• 2차 신규고객 창출	• 하나의 브랜드로 완성
재무 · 법무 외 관리부서	• 회계정책 통일 • 현금 및 급여계좌 통합	• 컴플라이언스 통일	• 내부 시스템 통합	• 오피스 결합	

그림10-10: Phase별 팀별 PMI 실행계획 간략한 예시

6. 아스트라제네카의 알렉시온 PMI 사례 연습

- **아스트라제네카의 알렉시온 인수**

- 아스트라제네카[AstraZeneca]는 2021년 7월 21일부로 알렉시온[Alexion] 인수를 완료했습니다. 이번 인수는 아스트라제네카가 희귀질환 치료제 분야에 진출함으로 아스트라제네카의 새로운 장르가 시작되었음을 의미합니다. 아스트라제네카는 이제 면역학 분야에서 과학적 입지를 강화하면서 알렉시온의 혁신적인 보완 생물학 플랫폼과 강력한 파이프라인을 통해 희귀질환 환자를 위한 의약품의 발견 및 개발을 계속 개척해 나갈 것입니다. 희귀질병은 충족되지 않은 중요한 의학적 수요를 나타내며 아스트라제네카의 고성장 기회가 될 것입니다.

- 아스트라제네카의 CEO 파스칼[Pascal Soriot]은 다음과 같이 발표했습니다. "오늘 우리는 알렉시온의 새로운 동료들을 환영합니다. 이제 우리는 앞으로 회사의 성장을 강화할 새로운 장을 시작합니다. 종양학, 심혈관 및 신장, 호흡기 및 면역학에 대한 우리의 지속적인 연구개발 투자는 아스트라제네카의 혁신을 촉진했습니다. 여기에 이제 승인된 치료 옵션이 매우 적은 희귀질환 분야를 추가합니다."

- 아스트라제네카의 현 CFO이자 알렉시온의 차기 CEO로 내정된 마크[Marc Dunoyer]는 다음과 같이 말했습니다. "아스트라제네카의 광범위한 초기단계 파이프라인에 알렉시온의 보체 생물학 플랫폼을 적용할 것입니다. 특히 아스트라제네카가 이미 강력한 입지를 확보하고 있는 많은 국가의 환자에게 기존 및 미래의 희귀질환 의약품을 확장할 수 있는 특별한 기회를 기대합니다."

- 아스트라제네카는 새로운 합병법인에 대한 업데이트된 2021년 재무지침을 적절한 시기에 제공할 것으로 예상합니다. 알렉시온과의 재무연결은 딜이 종료된 시점부터 시작되며, 연결 재무제표의 첫 공시는 2021년 11월 12일 금요일 발표 예

정인 2021년 3분기가 될 것으로 예상됩니다. 알렉시온 주식은 딜이 클로징되면서 나스닥에서 상장폐지가 됩니다.

(출처: 아스트라제네카 홈페이지 기사 중 일부 발췌, 2021년 7월 21일)

위 기사에서 아스트라제네카가 알렉시온을 인수한 이유와 인수를 완료한 첫날(Day 1)의 통합에 관한 내용을 일부 엿볼 수 있다. 먼저 아스트라제네카의 알렉시온 인수 목적은 사업 포트폴리오의 다변화이다. 기존 사업영역인 종양학, 심혈관 및 신장, 호흡기 및 면역학에 희귀질환 영역을 추가하는 것이다. 이에 따라 아스트라제네카는 기존에 보유하고 있는 인프라를 통해 알렉시온 제품을 판매해 시너지를 창출할 계획을 갖고 있다. 한편 Day 1에 알렉시온의 CEO자리에 아스트라제네카의 현 CFO가 내정됨을 발표한 다음 알렉시온 직원들을 환영할 이벤트를 갖고 있다. 또한 통합된 재무지침을 곧 밝히고, 2021년 3분기에 연결재무제표를 공시할 것을 발표했다. 현재 기준으로 아스트라제네카의 알렉시온 통합은 진행 중이며, 위 기사 외에 전해진 내용은 없다. 따라서 아스트라제네카의 알렉시온 통합을 사례로 들어 지금까지 다룬 PMI 절차를 적용하면서 PMI 기획을 연습해 보도록 하겠다.

● **알렉시온 사업 핵심 요약**

알렉시온 인수를 위한 PMI팀과 실행계획을 정의하려면 알렉시온의 사업부터 분석해야 한다. 알렉시온의 사업과 회사에 대한 주요 내용을 간략하게 요약하면 다음과 같다.

비즈니스의 내용

- 알렉시온은 희귀질환 영향을 받는 환자에게 치료 서비스를 제공하는 글로벌 바이오 제약회사입니다. 발작성 야간 혈색소뇨증(PNH)과 비정형 용혈성 요독 증후군(aHUS) 환자를 치료하기 위해 승인된 두 가지 보체 억제제를 개발해 상용화했습니다. 승인된 보체 억제제는 항-아쿠아포린-4(AQP4) 항체 양성인 환자에서 항아세틸콜린 수용체(AChR) 항체 양성 전신 근무력증(gMG) 및 시신경척수염 스펙트럼 장애(NMOSD)를 치료하는 데 사용됩니다.

- 알렉시온은 또한 두 가지 매우 혁신적인 효소 대체 요법과 생명을 위협하는 초희귀 대사 장애, 저인산혈증(HPP) 및 리소좀산 리파제 결핍증(LAL-D) 환자를 위한 최초이자 유일하게 승인된 요법을 보유하고 있습니다.

- 시판되는 치료법 외에도 내부적으로 연구 개발 중인 다양한 파이프라인을 보유하고 있습니다. 알렉시온은 보체 캐스케이드의 새로운 분자 및 표적에 대한 연구와 혈액학, 신장학, 신경학, 대사장애 및 심장학의 핵심 치료 영역에 대한 개발에 집중하고 있습니다.

현재 제품과 개발 중인 프로그램

- 발작성 야간 혈색소뇨증(PNH)
- 비정형 용혈성 요독 증후군(aHUS)
- 일반화 중증 근무력증(gMG)
- 저인산증(HPP)
- 리소좀산 리파제 결핍(LAL 결핍 또는 LAL-D)
- 재발성 시신경척수염 스펙트럼 장애(NMOSD)
- 윌슨병 및 온난 자가면역 용혈성 빈혈(WAIHA) 등

사업의 주요 위험요소

- 수익 집중 및 전환 관련 위험

  회사는 C5 보체 억제제 판매 수익에 의존하고 있으며, C5 보체 억제제 판매 수익을 계속 늘릴 수 없는 경우 사업은 중대한 피해를 입고 향후 운영 결과에 부정적인 영향을 미칠 수 있습니다.

- 지적 재산과 관련된 위험

  새로운 특허를 획득하고 기존 특허를 유지하며 영업비밀 및 기타 지적재산의 기밀성과 소유권을 보호할 수 없는 경우 회사의 비즈니스와 경쟁적 위치는 해를 입을 수 있습니다.

- 회사의 제품 및 개발중인 제품과 관련된 위험

  회사의 미래 상업적 성공은 신제품에 대한 승인을 얻고, 기존 제품을 새로운 분야에 적용할 수 있는 승인을 얻는 데 달려 있습니다.

  (출처: 알렉시온의 2020년 연간보고서 중에서 일부 발췌)

알렉시온의 조직도

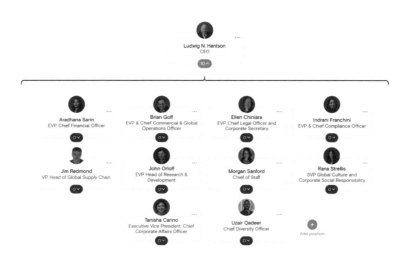

그림10-11: 알렉시온 조직도 (출처: theorg.com)

● 아스트라제네카의 알렉시온 PMI 절차 추정

앞서 소개한 아스트라제네카의 알렉시온 인수배경과 알렉시온에 대한 사업 요약을 토대로 아스트라제네카 입장에서 알렉시온에 대한 PMI 기획을 연습해 보도록 하자. 그림10-12는 아스트라제네카의 알렉시온 실사 일정을 중심으로 PMI 3단계 절차를 추정해 본 것이다.

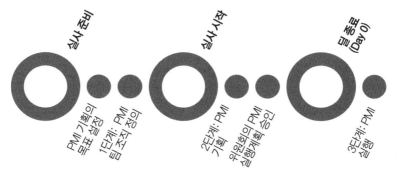

그림10-12: 아스트라제네카의 알렉시온 PMI 절차

알렉시온에 대한 *PMI 목표 설정*

M&A팀은 본실사를 진행하기 전 PMI 목표를 설정해 PMI 실행계획을 수립하는 모든 실무팀과 공유할 필요가 있다. PMI 목표는 두 기업이 통합을 통해 궁극적으로 얻기 위한 것을 제시하고, 이를 위해 PMI팀이 제시해야 할 결과물의 가이드라인을 제공하는 역할을 한다. 모든 M&A 전략의 결과물은 궁극적으로 현금흐름의 증대로 귀결되므로, PMI 목표 역시 결론적으로 현금흐름을 증가시킬 수 있는 방향으로 맞춰져야 한다. 아스트라제네카의 PMI 목표는 다음과 같이 간략하게 정의해 볼 수 있다.

PMI 실행계획의 목표

- 아스트라제네카 사업에 알렉시온 사업을 추가해 기대되는 시너지를 구체적으로 정의
- 연결재무제표 상 향후 5개년도 매출액 성장률을 두 자릿수로 유지하기 위한 구체적 전략
- 연결재무제표 상 영업이익률 15%대 이상 유지하기 위한 전략
- 보존통합의 타당성 검증 및 보존통합 선택 시 예측되는 구조조정과 전략
- 핵심인력 파악과 유출방지를 위한 계획
- 알렉시온이 진행하는 투자를 분석, 향후 추가 투자규모 측정, 효율적 투자를 위한 선별 작업
- 알렉시온 사업의 위험성 측정과 이를 헷지하기 위한 전략 강구
- Day 0 이후 Phase는 V단계로 구분한 후 팀별 PMI 실행계획 수립
- Day 1, Day ~30, Day ~100, Day ~365, Day 365~

- Phase III(Day ~100) 내 실현할 수 있는 매출액 성장 증가율 측정과 방법론 제시

1단계: 프레임워크 정의

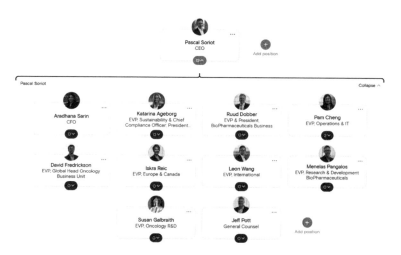

그림10-13: 아스트라제네카 조직도 (출처: theorg.com)

아스트라제네카는 PMI 목표와 통합의 형태를 고려해 실사 중에 투입할 PMI팀을 구성하고, 각 팀의 역할을 정의해야 한다. PMI 실행계획의 결과물은 궁극적으로 보고서 형태로 작성돼야 한다. 한편 아스트라제네카는 알렉시온의 희귀질환 분야에서 임상실험부터 상용화에 이르기까지 그 사업을 분석하고, 파이프라인을 이해할 수 있는 전문가를 PAC팀으로 지정할 필요가 있다. 만약 이 분야에 별도의 자문을 구할 필요가 있다면 아웃소싱을 통해 그 기술자문을 구해야 한다. 그림10-13의 아스트라제네의 내부 조직과 PMI 목표를 고려해 다음과 같은 프레임워크를 정

의해 볼 수 있다.

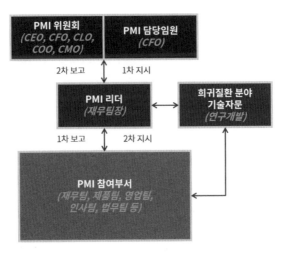

그림10-14: 아스트라제네카의 PMI TF팀 조직

그림10-14는 알렉시온 인수를 위한 아스트라제네카의 PMI 프레임워크 예시이다. 여기에서는 재무팀을 아스트라제네카의 M&A 실무팀으로 가정했다. 각 팀의 역할은 다음과 같이 정의해 볼 수 있다. (실제 실무에서 팀의 정의와 그 역할은 아래 예제보다 더욱 구체적이어야 한다.)

PMI 위원회
- 알렉시온 교체 임원 선임
- 아스트라제네카와 알렉시온 통합의 형태 결정
- 알렉시온의 구조조정과 추가적으로 소요될 수 있는 투자 및 비용의 한도 결정

- 그 외 실사 중 실무팀에 지령해야 할 상위 수준의 사항들을 결정

PMI 담당임원

- PMI 위원회의 의견과 결정사항을 PMI 리더에게 하달
- PMI 리더를 통해 실무팀의 조사 현황을 파악하고, 중요 사항을 위원회에 보고

PMI 리더

- PMI 실무 총괄자로서 각 실무팀 관리감독과 최종 보고서 도출
- 매주 2회 실무팀장들과 정기 미팅 수행 및 PMI 담당임원에 중간 결과물 보고

기술자문(PAC)

- 아스트라제네카 제품군에 알렉시온 제품을 통합해 얻게 되는 시너지 분석
- 알렉시온의 진행 중인 연구개발 프로젝트 분석과 각 프로젝트의 상용화 진척도 측정

재무팀(M&A팀)

- M&A를 통한 시너지 분석과 시너지 측정을 위한 지표 개발
- 선정한 지표를 올릴 수 있는, 즉 기업가치를 제고할 수 있는 전략을 도출
- 보존통합의 당위성 검토와 구조조정 계획

제품팀

- 두 조직의 결합으로 변동될 수 있는 제품 포트폴리오의 측정
- 보존통합 방식을 따라 두 조직의 상위 수준에서 제품전략을 정의

영업팀

- 알렉시온의 영업팀을 분석하고 제품별 고객 파이프라인 분석
- Day 0 이후 100일 내 두 조직의 고객과 제품을 교차함으로 창출할 수 있는 신규 고객 측정

인사팀

- 재무팀의 사업 구조조정 계획에 따른 인사 측면의 구조조정 기획과 필요자금 측정
- 알렉시온의 임금, 복리후생, 문화를 아스트라제네카와 대조하며 향후 방향을 결정
- 알렉시온의 핵심인력 파악과 이탈 가능성 측정

법무팀

- 아스트라제네카와 알렉시온 합병에 필요한 정부당국 승인에 관한 규제 해석과 로드맵 제시
- 알렉시온의 지적재산권 현황과 관련된 소송의 정의

2단계: PMI 기획

아스트라제네카의 PMI 실무팀은 최종실사를 수행하면서 구체적인

PMI 실행계획을 수립해야 한다. 그리고 재무팀장은 PMI 리더로서 각 팀이 가공하는 결과물이 PMI 목적에 부합되도록 조정하고, 최종적인 보고서를 산출할 수 있도록 관리해야 한다. 이와 더불어 각 팀의 팀장과 실행 가능한 기업가치제고 전략을 최종적으로 수립해야 한다. 본 예제에서는 M&A를 주관하는 재무팀의 실행계획만 간략하게 기획해 보도록 하겠다. (다음은 대상기업의 내부자료를 볼 수 없는 상황에서 작성된 사례이다. 실무에서 실제 보고서는 PMI에 참여하는 모든 팀의 실행계획이 포함되어야 함은 물론, 본 예제보다 훨씬 구체적이면서 더욱 전략적으로 작성되어야 한다. 또한 기업가치제고에 대한 전략은 보고서에서 별도의 목차로 다시 한번 정리하는 것이 좋다.)

■ 재무팀 세부 실행계획
■ 비즈니스는 통합하되 조직은 별도로 유지하는 보존통합 방식 선택
  • 아스트라제네카와 알렉시온의 본사 위치를 고려할 때 물리적으로 조직 통합이 어려움
    ✓ 아스트라제네카 본사는 영국 캠브리지, 알렉시온은 미국 보스톤에 소재
    ✓ 알렉시온 문화 담당자 Rana로부터 Day 30 내에 알렉시온의 문화에 관한 보고서 요청

■ 보존통합 선택에 따른 구조조정 방향
  • 현 CEO 루드윅^{Ludwig}과 CFO 아라다나^{Aradhana}는 Day 1부터 교체
  • 그 외 COO, CLO, CCO, CMO, CHO를 비롯한 R&D Head 등의

임원은 인수인계를 비롯해 본사와의 지속적인 전략적 협력을 위해 잔류 권고

  ✓ 특히 R&D Head와의 협상은 Day 1에 바로 실행하고, 다른 임원들과 재임 및 임금과 복리후생 등에 대한 모든 협상을 Day 30일 내에 마침

• 보존통합 방식을 선택함에 따라 알렉시온의 관리부서를 유지하는 것을 기본으로 함

• 알렉시온의 기존 급여, 복리후생, 퇴직금(DCP) 수준을 유지하되 아스트라제네카 수준이 더 높을 경우 아스트라제네카 정책을 반영하기로 함

■ 두 기업의 통합으로 인한 시너지 평가지표 설정

• 시너지 평가지표는 두 조직의 연결 매출액성장률과 영업이익률로 설정

구분		2019	2018	2017
알렉시온	매출액	4,990	4,130	3,550
	매출액 성장률	20.8%	16.4%	
	영업이익	2,120	270	627
	영업이익률	42.5%	6.5%	17.7%
아스트라제네카	매출액	24,384	22,090	22,465
	매출액 성장률	10.4%	-1.7%	
	영업이익	3,000	1,510	2,292
	영업이익률	12.3%	6.8%	10.2%
연결	매출액	29,374	26,220	26,015
	매출액 성장률	12.0%	0.8%	
	영업이익	5,120	1,780	2,919
	영업이익률	17.4%	6.8%	11.2%

그림10-15: 알렉시온과 아스트라제네카의 과거 3개년 주요 실적

■ **2021년부터 2025년까지 두 자릿수 매출 성장률을 유지하며, 2025년에 15% 성장률 달성**

- 아스트라제네카 인프라를 활용한 알렉시온 제품의 매출액 증대
    - ✓ 100여 개 국가에 소재한 아스트라제네카의 영업팀을 활용해 알렉시온 제품을 마케팅
    - ✓ 미국에 다소 편중된 Soliris, Ultomiris, Strensiq의 매출을 중동, 유럽, 그리고 중국을 비롯한 개발도상국으로 분산
- 알렉시온 인프라를 활용한 아스트라제네카 제품의 매출액 증대
    - ✓ 알렉시온이 희귀질환에 집중하고 있는 만큼 알렉시온 영업팀의 규모는 상대적으로 작음
    - ✓ 알렉시온 인프라를 활용해 아스트라제네카 제품 매출을 미국에서 더 증대하는 것에는 한계가 있을 것으로 판단됨
    - ✓ 알렉시온의 미국 영업팀을 보강하고, 차별화된 마케팅을 진행해 아스트라제네카의 종양학과 CVRM 제품 매출을 증대할 수 있는지 별도의 분석이 필요
- 5년 내 알렉시온의 제품 포트폴리오를 다변화해 안정적 매출을 도모
    - ✓ 2019년 기준 Soliris 매출이 전체 매출의 79%, Ultomiris가 6.8%, Strensiq가 11.9%를 차지
    - ✓ 2020년 말 기준 18개의 프로젝트가 임상실험 단계이며, 8개가 3단계인데 이 중 4개가 Ultomiris임
    - ✓ 따라서 알렉시온 사업에서 4~5년 이내 상용화할 수 있는 프로젝트를 더 발굴해야 함

■ 2021년부터 2025년까지 영업이익률 15% 이상 유지하며 2025년 18%까지 달성

- 최적의 재고량 유지
  - ✓ 2019년 기준 재고량은 $628m으로 적정성 평가 후 높을 경우 적정량으로 낮춰 매출원가를 개선하고, 운전자본 투자분을 낮춰 현금흐름을 개선
- 효율적 R&D의 선택
  - ✓ ALXN1810, ALXN1810 등 임상 2단계 이하의 9개 프로젝트를 분석
  - ✓ 이 중 상용효과가 적을 것으로 판단되는 프로젝트는 중단
- 유형자산의 효용성을 분석 후 매각 결정
  - ✓ 아일랜드 더블린^{Dublin}에 소재한 4,500평 규모의 글로벌 본부와 아일랜드 애슬론^{Athlone}에 소재한 2,250평 규모의 R&D센터 기능을 아스트라제네카 본사인 영국 캠브리지로 이전 검토
  - ✓ 매각 가능할 경우 감가상각비 감소로 매출원가가 개선되고 현금이 증가할 것으로 기대
- 두 조직의 영업팀 통합
  - ✓ 아스트라제네카의 100개 사무소와 알렉시온 사무소의 기능과 중복성을 비교
  - ✓ 위치와 기능을 통합할 수 있는 사무소는 통폐합

(참조한 자료: 아스트라제네카 2020년 연간보고서, 알렉시온 2020년 연간보고서, 분석: 엄인수)

실행계획의 정리

각 팀이 기획한 실행계획을 토대로 수행해야 할 업무들을 Phase별로 나열할 수 있다. 이것이 완성되면 Day 1부터 실행해야 할 것들을 한눈에 알아볼 수 있는 스케줄이 된다. 앞서 정의한 재무팀의 실행계획만 Phase 별로 나열해 보도록 하겠다. 한편 재무팀이 기획했지만 실행은 타 부서가 할 경우 해당업무를 담당부서로 할당하도록 하겠다.

	Phase I (Day 1)	Phase II (Day ~30)	Phase III (Day ~100)	Phase IV 이후 (Day 100 ~)
재무팀		■ 알렉시온 최적의 재고량 측정 후 이행 ■ 아스트라제네카와 알렉시온 영업팀 기능의 중복성 분석	■ 제1차 시너지 효과 평가 후 피드백 작성 ■ 아일랜드 더블린과 애슬린 부동산 효율성 측정 후 처분 결정 ■ 두 조직의 중첩되는 영업팀 통합	■ 상용효과 적을 알렉시온 프로젝트 철회 결정 ■ 제2차 시너지 효과 평가
인사팀	■ 알렉시온 CEO 와 CFO임명 ■ R&D Head와 근무조건 협의	■ 알렉시온 문화 분석 ■ 다른 임원들과 근무조건 협의		
R&D팀			■ 알렉시온의 임상 2단계 이하 프로젝트 분석	
제품팀			■ 4~5년 내 상용화할 수 있는 알렉시온 프로젝트 발굴	■ 상용 가능한 신규 프로젝트 시작

| 영업팀 | ■ 알렉시온 제품의 마케팅 대상 리스팅
■ 알렉시온 미국 영업팀 보강 필요성 분석 | ■ 제1차 대상에 알렉시온 제품 마케팅 완료
■ 알렉시온 미국 영업팀을 통한 아스트라제네카 제품 마케팅 제1차 실행 | |

그림10-16: 아스트라제네카의 PMI 실행계획 일부

아스트라제네카의 PMI 위원회는 실사기간 동안 정기미팅을 통해 각 팀이 개발하는 실행계획을 검토하고, 사전에 승인해야 할 것들을 승인해야 한다. 재무팀장은 딜이 클로징되기 전까지 최종 보고서를 완료해 PMI 위원회로부터 Phase III까지 실행해야 할 것들을 승인받아야 한다. 딜이 클로징되면 Day 1부터 사전에 기획한 실행계획을 순서대로 실행하면 된다. 특히 모든 팀은 100일 후 평가할 시너지 효과에서 긍정적인 피드백을 얻을 수 있도록 최선을 다해야 하며, 그 기간 동안 Phase III 이후에 실행할 계획들을 구체화하면 된다.

JCinus.com의 M&A와 PMI 시뮬레이션 교육

"강사가 Sell-side가 되어 타깃기업을 제시하고, 교육생은 Buy-side가 되어 타깃기업을 분석한 후 보고서를 작성해 제출하게 됩니다."

JCinus.com은 국내 최초로 양방향 M&A 교육을 온라인으로 실행하고 있습니다. 수강생은 M&A거래, 가치평가, 딜 스트럭처링, PMI 방법론을 익힌 후 실제 기업을 인수하는 시뮬레이션 방식의 실습을 실행합니다. 1) 먼저 강사가 제시하는 인수대상기업을 분석한 후 2) 가치평가를 실행하고, 3) 투자보고서를 작성하며, 4) PMI 보고서를 작성합니다. 그러면 강사는 수강생이 작성한 보고서를 읽고, 첨삭과 피드백을 작성해 수강생에게 회신하게 됩니다. 수강생은 이러한 시뮬레이션 방식의 교육으로 M&A 실무능력을 크게 향상시킬 수 있습니다. 이에 따라 실제 업무에서 M&A 타깃기업을 맞닥뜨리면 절차를 따라 무엇을 어떻게 해야 하는지 실무에서 바로 적용하게 될 것입니다.

● 과정의 구성

수강생은 먼저 M&A거래와 PMI에 관해 45시간에 걸쳐 강의를 듣습니다. 커리큘럼 측면에서 본 책과 온라인 과정이 다른 점은 온라인 과정에는 '사모펀드 투자와 운용'에 관해 상당한 부문이 추가되며, M&A 가치평가를 엑셀 모델링으로 설명합니다. 또한 각 단원마다 실습을 실행해 응용력을 높이고, 연습문제를 풀어 학습한 내용을 점검하게 됩니다.

온라인 강의가 끝나면 양방향 실습이 진행됩니다. 강사는 수강생이

가상으로 인수할 대상기업을 설명하고, 샘플리포트를 제공합니다. 그리고 수강생이 타깃기업을 분석하고, 작성해야 할 부분에 대해 각 절차마다 자세하게 설명합니다. 수강생은 강사의 가이드를 따라 다음과 같이 '투자리포트'와 'PMI 보고서' 두 파트로 구성된 리포트를 작성한 다음 온라인상으로 강사에게 제출합니다.

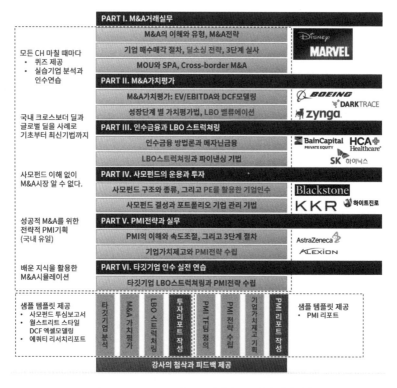

그림11-1: JCinus.com의 M&A거래와 PMI전략 커리큘럼

• 실습 과제 1: 투자리포트 작성

  ✓ 기업분석 후 투자의 타당성 분석

✓ 엑셀 템플릿으로 가치평가 수행

✓ 리스크분석과 투자 하이라이트를 정리

- **실습 과제 2: PMI 기획 보고서**

✓ PMI 리더로서 팀 정의

✓ M&A 전략을 중심으로 PMI 기획

✓ 기업가치제고 전략을 정리하며 보고서 정리

강사는 수강생이 제출한 리포트를 자세히 살펴본 후 각 부문마다 첨삭과 피드백을 작성해 수강생에게 다시 배포하게 됩니다. 수강생은 피드백을 참조해 부족한 부문을 보완할 수 있고, 리포트 작성에서 궁금했던 사항들에 대해 자세한 답변을 얻을 수 있습니다.

"이 교육이 완료되는 시점에서 수강생은 실제 M&A 대상기업을 맞닥뜨리면 해결할 수 있는 실무능력이 갖춰졌다는 것을 알게 될 것입니다."

보다 자세한 내용은 제이씨이너스 홈페이지(jcinus.com)에서 확인할 수 있습니다.

M&A거래와 PMI전략
A부터 Z까지

ⓒ 엄인수, 2022

초판 1쇄 발행 2022년 4월 17일
　　2쇄 발행 2023년 4월 14일

지은이　엄인수
펴낸이　엄인수
편집　좋은땅 편집팀
펴낸곳　제이씨이너스
주소　서울시 강남구 영동대로 602, 6층
전화　02) 3291-3277
이메일　globalib@jcinus.com
홈페이지　www.jcinus.com

ISBN　979-11-962630-3-4 (13320)